365
하루 10분
영어 일기

EBS

365 하루 10분 영어 일기

누구나 언제든

시작할 수 있는

틈새 영어 공부

주혜연 지음

EBS BOOKS

Introduction

매년 새해가 되면 영어 공부를 하겠다는 목표를 세우지만 어느새 흐지부지되고 정신을 차려보면 벌써 1년! 하루 일과가 끝난 후 지친 몸과 머리를 이끌고 또다시 공부를 하기란 쉽지 않습니다. 하지만 일기를 쓰며 더불어 영어 공부까지 할 수 있다면 어떨까요? 혹은 반대로 영어 공부를 하면서 하루하루를 반추해보고 마음을 다독일 수 있다면 얼마나 좋을까요? 『365 하루 10분 영어 일기』는 이런 바람과 욕구를 충족해줄, 한 번에 두 마리 토끼를 잡는 책입니다.

영어 일기를 쓰는 데는 많은 시간과 노력이 필요하지 않아요. 하루 딱 10분! 매일 새롭게 제공되는 질문에 답하면서 하루에 하나씩 영어 패턴을 익힐 수 있고 단어까지 배울 수 있습니다. 따로 영어 공부를 하지 않아도 자신의 하루를 영어로 자유롭게 표현하는 과정에서 영어 패턴을 자연스럽게 익힐 수 있는 거죠. 또한 영어 공부에서는 꾸준함이 가장 중요한데 일기라는 형식을 통해 매일 꾸준히 영어를 접하며 실력을 향상시킬 수 있습니다.

복잡한 문법을 공부하고 어려운 단어를 외우는 것보다 문장의 기본 골격과 같은 패턴을 공부하면 영어를 더 쉽고 실용적으로 익힐 수 있습니다. 일기장과 대화하듯 일기를 쓰면서 일상생활에서 자주 사용하는 대화 패턴을 파악하면 간단한 문장부터 긴 문장까지 쓰고 말할 수 있게 될 거예요. 이 일기장에는 다양한 패턴이 실려 있어 시간이 지날수록 실력이 쑥쑥 느는 자신을 발견할 것입니다.

초보자라면 매일 제시되는 패턴의 예문과 어휘를 그대로 따라 써보며, 간단한 문장을 만드는 것에서 시작하세요. 조금 익숙해지면 진짜 자기 생각이나 경험을 영어로 자유롭게 표현해보세요. 꾸준히 하는 것이 중요해요. 한두 문장이라도 매일 쓰는 습관을 들이면 어느덧 스스로 한 페이지를 꽉 채우는 날이 올 거예요. 영어가 자연스럽게 스며들고 마음을 정리하며 힐링도 되는 시간! 『365 하루 10분 영어 일기』와 하루하루를 함께해보세요.

『365 하루 10분 영어 일기』를 활용하는 법

❶ **오늘의 날짜를 쓰세요**

꼭 매일 쓰지 않아도 좋아요. 다만 365일을 채울 때까지 꾸준히 써봅시다.

❷ **뭘 써야 할지 모르겠다고요?**

걱정 마세요. 일기장이 하루 하나씩 질문을 던져줍니다. 일상, 일, 감정, 추억 등 이런저런 질문을 영어로 물어봅니다. 질문을 읽으면서 영어 표현을 배울 수 있어요.

❸ **하루에 하나씩 영어 패턴 연습!**

매일 하나씩 영어 패턴을 제공합니다. 이 패턴을 활용해 문장을 쓰는 연습을 하면 영어를 효과적으로 익힐 수 있습니다. 패턴을 어떻게 활용하는지 예문을 적어놓았으므로 초보자라면 예문을 그대로 따라 쓰는 것도 연습이 됩니다.

❹ **자유롭게 일기를 써보세요**

서툴러도 좋아요. 매일 꾸준히 쓰다 보면 영어로 생각을 표현하는 데 익숙해질 거예요. 위에 제시한 패턴을 활용해도 좋고 자유롭게 써도 좋아요.

❺ **어휘를 잘 몰라도 괜찮아요**

활용할 수 있는 단어나 구문을 제시해놓았습니다. 마음에 드는 단어를 넣어서 문장을 만들고 자신을 표현해보세요.

Q 001 ❶ Date.

❷ # How are you feeling today?

오늘 기분이 어떤가요?

❸ *Useful Pattern*

I'm feeling 상태 ~한 기분이다.

I'm feeling pretty low today. I think I need to get some rest.
나는 오늘 몸이 좀 좋지 않다. 좀 쉬어야겠다.

'I'm feeling 상태'라는 패턴을 사용해서 일시적인 기분이나 몸 상태를 나타낼 수 있어요. feeling 뒤에는 상태를 나타내는 다양한 형용사구와 함께 a lot(많이, 훨씬), a bit(약간), pretty(꽤) 등 정도를 나타내는 표현을 사용할 수 있어요.

On Your Own

❹ Dear diary,

❺ *Words & Phrases*

low 기분이 처지는
pretty bad 몸이 좀 안 좋은
pretty tired 좀 피곤한
a bit run down 기운이 좀 없는
under the weather 몸이 안 좋은
great 좋은
a lot better 훨씬 나은
really good 매우 좋은

“The best thing about the future is that it comes one day at a time.”

미래의 가장 좋은 점은 한 번에 하루씩 온다는 것이다.

—

Abraham Lincoln 에이브러햄 링컨

This diary belongs to

이 일기장의 주인은

Q 001

Date. . .

How are you feeling today?

오늘 기분이 어떤가요?

Useful Pattern

I'm feeling 상태 ~한 기분이다.

I'm feeling pretty low today. I think I need to get some rest.
나는 오늘 몸이 좀 좋지 않다. 좀 쉬어야겠다.

'I'm feeling 상태'라는 패턴을 사용해서 일시적인 기분이나 몸 상태를 나타낼 수 있어요. feeling 뒤에는 상태를 나타내는 다양한 형용사구와 함께 a lot(많이, 훨씬), a bit(약간), pretty(꽤) 등 정도를 나타내는 표현을 사용할 수 있어요.

On Your Own

Dear diary,

Words & Phrases

low 기분이 처지는
pretty bad 몸이 좀 안 좋은
pretty tired 좀 피곤한
a bit run down 기운이 좀 없는
under the weather 몸이 안 좋은
great 좋은
a lot better 훨씬 나은
really good 매우 좋은

Q 002

Date. . .

What's the weather like today?

오늘 날씨가 어떤가요?

Useful Pattern

It's 날씨 표현 today 오늘 날씨가 ~하다.

It's raining on and off today. I should take an umbrella with me.
오늘 비가 오락가락한다. 우산을 가져가야겠다.

'It's 날씨 표현 today'라는 패턴을 사용해서 오늘의 날씨를 나타낼 수 있어요. It's 뒤에는 날씨를 나타내는 형용사 혹은 날씨를 나타내는 동사에 -ing를 붙여서 사용할 수 있어요. 이때의 It은 형식적으로 사용되는 것으로 '그것'으로 해석하지 않아요.

On Your Own

Dear diary,

Words & Phrases

hot and humid 덥고 습한
warm and sunny 따뜻하고 화창한
chilly and windy 쌀쌀하고 바람이 부는
cold and snowy 춥고 눈이 오는
raining on and off 비가 오락가락하는
pouring 비가 쏟아붓는

Q 003

Date. . .

What do you want to do right now?

지금 무엇을 하고 싶나요?

Useful Pattern

I want to ~ 나는 ~하고 싶다.

I'm stressed out these days. I want to spend some time alone.
요새 스트레스를 너무 받는다. 혼자 시간을 좀 보내고 싶다.

'I want to ~'라는 패턴을 사용해서 내가 원하는 바를 표현할 수 있어요. 이때 to 뒤에 동사 원형을 사용하며, 비격식체로 want to를 축약해서 wanna라고 쓰기도 해요. I want to와 유사한 의미의 조금 더 공손한 표현으로 I'd like to나 I'd love to도 사용할 수 있어요.

On Your Own

Dear diary,

Words & Phrases

do nothing 아무것도 안 하다
have a snack 간식을 먹다
have fun with my friends 친구들과 놀다
watch an action movie 액션 영화를 보다
spend some time alone 혼자 시간을 보내다
take a nap 낮잠을 자다
have a good cry 실컷 울다

Q 004

Date. . .

What are you grateful for?

당신은 무엇에 감사하나요?

Useful Pattern

I appreciate ~ 나는 ~에 감사한다.

My sister came a long way to attend my graduation ceremony. I really appreciate her presence.

동생이 내 졸업식에 참석하려고 먼 길을 왔다. 와줘서 정말 고맙다.

'I appreciate ~'라는 패턴을 사용해서 감사의 내용을 표현할 수 있어요. 이때 appreciate 뒤에 명사나 '명사 + 동사원형 + -ing'의 형태를 사용할 수도 있어요. 또한 I'm grateful for 라는 표현으로도 비슷한 의미를 나타낼 수 있어요.

On Your Own

Dear diary,

Words & Phrases

her help 그녀의 도움

his advice 그의 조언

his patience 그의 인내

his presence 그의 참석

her concern 그녀의 관심

his suggestion 그의 제안

all his efforts 그의 모든 노력

Q 005 Date. . .

Are you feeling under the weather today?

오늘 컨디션이 안 좋나요?

Useful Pattern

I have 아픈 증상 ~통증이 있다.

I think I came down with the flu. I have a splitting headache and a sore throat.
독감에 걸린 것 같다. 두통이 심하고 목도 아프다.

'I have 아픈 증상'의 패턴을 이용하여 아픈 증상을 표현할 때 사용할 수 있어요. 이때 have 뒤에 '아픈 증상'이 올 수 있으며, mild, severe, terrible 등의 형용사를 사용하여 증상이 얼마나 심한지의 정보를 덧붙일 수 있어요. 또한 'I suffer from + 아픈 증상' 등의 표현으로도 비슷한 의미를 나타낼 수 있어요.

On Your Own

Dear diary,

Words & Phrases

a splitting headache 심한 두통
a slight fever 미열
a runny nose 콧물이 나는 증상
a sore throat 목 통증
a terrible toothache 심한 치통
a severe stomachache 심한 복통
a mild rash 가벼운 발진

Q 006

Date.   .   .

What are you sure of?

당신이 확신하는 것은 무엇인가요?

Useful Pattern

I'm sure (that) 분명 ~한 것 같다.

I bought a shirt for my brother's birthday present. I'm sure this one will fit well.
남동생의 생일 선물로 셔츠를 샀다. 이것이 분명 잘 맞을 것이다.

'I'm sure (that)'은 어떤 정보에 대해 확신을 가지고 추측할 때 사용할 수 있는 표현이에요. 이때 sure 뒤에 '(that) 주어 + 동사'가 오거나 'of + 명사'의 형태가 올 수도 있어요. 또한 확실히 추측할 수 없는 사실에 대해서는 부정문인 'I'm not sure (that) 주어 + 동사'를 사용할 수 있어요.

On Your Own

Dear diary,

Words & Phrases

he will be fine 그는 괜찮을 것이다
he will come 그는 올 것이다
she will like it 그녀가 마음에 들어할 것이다
my blog was hacked 블로그가 해킹당했다
this one will fit 이것이 맞을 것이다
I left my phone at the office
사무실에 전화기를 두고 왔다
he is a womanizer 그는 바람둥이다

Q 007

Date. . .

What are you up to these days?

요즘 어떻게 지내나요?

Useful Pattern

I'm on ~ 나는 ~하는 중이다.

I'm on a diet. I haven't touched chocolate for a week.
나는 다이어트 중이다. 일주일째 초콜릿에는 손도 대지 않고 있다.

'I'm on ~'이라는 패턴을 사용해서 현재 진행 중인 일을 표현할 수 있어요. 이때 on 뒤에는 명사를 사용하며, 'I'm + 동사원형 + -ing'의 현재 진행형으로 바꾸어도 비슷한 의미를 표현할 수 있어요.

On Your Own

Dear diary,

Words & Phrases

on a date 데이트 중인
on a business trip 출장 중인
on my vacation 휴가 중인
on a diet 다이어트 중인
on the phone 통화 중인
on the night shift 야간 근무 중인
on a coffee break 커피를 마시며 쉬는 중인

Q 008

Date. . .

What would you never do?

당신이 절대 하지 않을 일은 뭔가요?

Useful Pattern

I'd never ~ 나는 절대 ~하지 않을 것이다.

Office romances never end well. I'd never date a coworker.
사내연애는 항상 끝이 좋지 않다. 나는 절대 동료와 데이트하지 않을 것이다.

'I'd never ~'라는 패턴을 사용해서 어떤 일을 절대 하지 않겠다는 의지를 표현할 수 있어요. 이때 I'd는 I would의 줄임말이며, will이나 would는 '강한 의지'를 나타낼 수 있어요. 또한 never 대신 not을 사용해도 부정의 의미를 나타낼 수 있어요.

On Your Own

Dear diary,

Words & Phrases

pay the full price 제값을 다 주다
date a coworker 동료와 데이트하다
look back 뒤돌아보다
cheat on her 그녀를 두고 바람을 피우다
let him go 그를 보내주다
tell anyone 누군가에게 말하다
leave her alone 그녀를 혼자 두다

Q 009

Date. . .

What do you prefer?

당신은 어떤 것을 더 좋아하나요?

Useful Pattern

I prefer A to B 나는 B보다는 A가 더 좋다.

I prefer green tea to coffee. Green tea always calms my nerves.
나는 커피보다는 녹차가 더 좋다. 녹차는 항상 마음을 진정시켜준다.

'I prefer A to B'라는 패턴을 사용해서 더 좋아하는 대상이 무엇인지를 표현할 수 있어요. 이때 prefer와 전치사 to 뒤에는 명사나 '동사원형 + -ing'가 올 수 있어요. 또한 I prefer A over B라고 표현해도 비슷한 의미를 나타낼 수 있어요.

On Your Own

Dear diary,

Words & Phrases

books/movies 책/영화
jeans/skirts 청바지/치마
summer/winter 여름/겨울
green tea/coffee 녹차/커피
jazz/classical music 재즈/클래식 음악
handwritten letters/emails
손으로 쓴 편지/이메일

Q 010

Date. . .

What changes have you seen in yourself?

최근 당신에게 어떤 변화가 있나요?

Useful Pattern

I'm getting ~ 점점 ~해지고 있다.

I lost my umbrella again. I'm getting more forgetful.
우산을 또 잃어버렸다. 건망증이 점점 더 심해지고 있다.

'I'm getting ~'이라는 패턴을 사용해서 상태의 변화를 표현할 수 있어요. 이때 getting 뒤에는 상태를 나타내는 형용사구가 올 수 있어요. 또한 I'm becoming이라는 표현을 사용해도 비슷한 의미를 나타낼 수 있어요.

On Your Own

Dear diary,

Words & Phrases

more forgetful 건망증이 더 심해진
lazier 더 게으른
more nervous 더 불안한
out of shape 몸매가 엉망인
a little worried 조금 걱정이 되는
tired of this work 이 일에 싫증이 나는
better in English 영어에 더 능숙한

Q 011

Date. . .

What are you looking for?

당신은 무엇을 찾고 있나요?

Useful Pattern

I'm looking for ~ 나는 ~을 찾고 있다.

I'm looking for Mr. Right. Maybe my brother can fix me up with a friend of his.
나는 이상형을 찾고 있다. 어쩌면 오빠가 자기 친구 중 한 명을 소개해줄지도 모른다.

'I'm looking for ~'라는 패턴을 사용해서 내가 찾고 있는 대상을 표현할 수 있어요. 이때 for 뒤에는 명사가 올 수 있으며, 'What are you looking for?'라는 의문문을 사용하면 상대방이 무엇을 찾고 있는지를 물을 수 있어요. 또한 I'm searching for 혹은 I'm trying to find라는 표현으로도 비슷한 의미를 나타낼 수 있어요.

On Your Own

Dear diary,

Words & Phrases

a compact car 소형차
nice souvenirs 멋진 기념품
a place to live 살 집
Mr. Right 이상형의 남자
a parking space 주차 공간
some temporary work 임시로 할 수 있는 일
a new member for our team 우리 팀의 새로운 팀원

Q 012 Date. . .

What are you looking forward to?

당신은 무엇을 기대하고 있나요?

Useful Pattern

I'm looking forward to ~ ~이 너무나 기대된다.

I really love the TV series 365 *English Diary*. I'm looking forward to the next episode.
나는 TV 시리즈 「365 English Diary」를 정말 좋아한다. 다음 편이 너무나 기대된다.

'I'm looking forward to ~'라는 패턴을 사용해서 기대하고 있는 일을 나타낼 수 있어요. 이때 전치사 to 뒤에는 명사나 '동사원형 + -ing'가 올 수 있어요. I'm waiting for라는 표현을 사용해도 비슷한 의미를 나타낼 수 있어요.

On Your Own

Dear diary,

Words & Phrases

his reply 그의 답장
the exhibition 전시회
this weekend 이번 주말
the next episode 다음 편
his new album 그의 새 앨범
the New Year's Eve party 신년 전야제 파티
a quiet evening at home 집에서 조용히 보내는 저녁

Q 013

Date. . .

What have you decided to do?

당신은 무엇을 하기로 결심했나요?

Useful Pattern

I've decided to ~ ~하기로 결심했다.

I've decided to go for a new look. I'll have my hair cut short.
새로운 스타일을 시도하기로 결심했다. 머리를 짧게 자를 것이다.

'I've decided to ~'라는 패턴을 사용해서 자신의 결심을 나타낼 수 있어요. 'Have you decided to ~?'라는 의문문을 사용하면 상대방의 결정에 대해 물어볼 수도 있어요. 이때 I've는 I have의 줄임말로, to 뒤에는 동사원형을 사용해요.

On Your Own

Dear diary,

Words & Phrases

apply for the job 그 일에 지원하다
break up with him 그와 헤어지다
travel around the world 세계 여행을 하다
run a marathon 마라톤에 참가하다
accept his offer 제의를 받아들이다
go for a new look 새로운 스타일을 시도하다
rent a studio apartment 원룸에 세 들다

Q 014 Date. . .

What is difficult to do?

하기 힘든 일이 뭔가요?

Useful Pattern

It's difficult to ~ ~하기가 힘들다.

The night view from here is so beautiful. It's difficult to put into words.
이곳에서 보는 야경이 너무 아름답다. 말로 표현하기가 어렵다.

'It's difficult to ~'라는 패턴을 사용해서 무엇을 하기 힘든지를 나타낼 수 있어요. 이때 to 뒤에는 동사원형을 사용하며, '누가'에 해당하는 정보를 추가하려면 to 앞에 'for + 명사'를 덧붙일 수 있어요. 또한 difficult 대신 hard라는 형용사를 사용해도 비슷한 의미를 나타낼 수 있어요.

On Your Own

Dear diary,

Words & Phrases

believe 믿다
grasp 이해하다
breathe 숨쉬다
imagine 상상하다
explain 설명하다
remember 기억하다
put into words 말로 표현하다

Q 015

Date. . .

What can you say for sure?

당신은 무엇을 장담할 수 있나요?

Useful Pattern

I bet ~ 분명 ~일 것이다.

I totally forgot our wedding anniversary. I bet my husband is mad at me.
나는 우리 결혼기념일을 완전히 깜빡했다. 분명 남편은 나에게 화가 나 있을 것이다.

'I bet ~'은 장담하는 일에 대해 말할 때 사용할 수 있는 표현이에요. 원래 bet은 '내기하다'라는 의미로, 내기해도 좋을 정도로 장담한다는 의미로 사용해요. 이때 I bet 뒤에 '(that) 주어 + 동사'가 오며, I'm sure (that)이나 I'm certain (that)으로 바꿔 표현할 수도 있어요.

On Your Own

Dear diary,

Words & Phrases

he is wrong 그가 틀렸다
she already knows 그녀는 이미 알고 있다
he is mad at me 그는 내게 화가 나 있다
he will be late for the meeting 그가 회의에 늦을 것이다
this will look great on her 이것이 그녀에게 잘 어울릴 것이다

Q 016

Date. . .

Is there anything you can't be sure of?

당신이 확신할 수 없는 일이 있나요?

Useful Pattern

I don't know if ~ 나는 ~인지 모르겠다.

My colleague always talks about people behind their backs. I don't know if I can trust him.
내 동료는 늘 사람들의 험담을 한다. 그를 믿어도 될지 모르겠다.

'I don't know if ~'는 확신할 수 없는 일에 대해 말할 때 사용할 수 있는 표현이에요. if 뒤에는 '주어 + 동사'의 형태가 올 수 있으며, 이때 if는 '만약 ~라면'이라는 '조건'의 의미가 아니라 '~인지'라는 의미라는 점에 유의하세요. if 대신 whether를 사용해도 비슷한 의미를 나타낼 수 있어요.

On Your Own

Dear diary,

Words & Phrases

he can attend 그가 참석할 수 있다
I can trust him 그를 믿을 수 있다
I can get the work done 그 일을 끝낼 수 있다
he can join us 그가 우리와 함께하다
he's telling the truth 그가 사실을 말하고 있는지

Q 017 Date. . .

What are you addicted to?

당신은 무엇에 중독되어 있나요?

Useful Pattern

I'm addicted to ~ 나는 ~에 중독되어 있다.

I'm addicted to shopping these days. I buy clothes online almost every day.
나는 요즘 쇼핑에 중독되었다. 거의 매일 온라인으로 옷을 산다.

'I'm addicted to ~'라는 패턴을 사용해서 중독된 대상을 표현할 수 있어요. to 뒤에는 명사나 '동사원형 + -ing'가 올 수 있어요. 이때 addicted는 약물 등과 같이 실제로 중독 증세를 보인다는 의미로 사용할 수 있을 뿐 아니라 '몹시 좋아해서 그 일에 많은 시간을 보낸다'라는 의미로도 사용할 수 있어요.

On Your Own

Dear diary,

Words & Phrases

sweets 단것
shopping 쇼핑
caffeine 카페인
chocolate 초콜릿
the Internet 인터넷
my smartphone 스마트폰
online games 온라인 게임

Q 018 Date. . .

What do you think is obvious?

당연하다고 생각하는 일은 뭔가요?

Useful Pattern

It's no wonder ~ ~인 것은 당연하다.

My new neighbor is very friendly and funny. It's no wonder everyone likes her.
새 이웃은 굉장히 친절하고 유머가 있다. 모두가 그녀를 좋아하는 것은 당연하다.

'It's no wonder ~'는 당연하게 생각하는 일에 대해 말할 때 사용할 수 있는 표현이에요. 원래 wonder는 '놀라움'이라는 의미로, '놀라울 일이 아니다', 즉 '당연하다'는 의미로 사용돼요. 이때 no wonder 뒤에 '(that) 주어 + 동사'가 오며, It's를 생략하고 사용하거나, no 대신 little로 바꿔 표현할 수도 있어요.

On Your Own

Dear diary,

Words & Phrases

everyone likes her 모두가 그녀를 좋아하다
she is exhausted 그녀가 기진맥진하다
he is still single 그가 아직 미혼이다
she is so upset 그녀가 몹시 속상해하다
he has only a few friends 그는 친구가 거의 없다
they all look serious 그들 모두 심각해 보이다

Q 019 Date. . .

Is there anything you are wondering about?

당신이 궁금해하는 일이 있나요?

Useful Pattern

I wonder if ~ 나는 ~인지 궁금하다.

I bought a necklace for my sister. I wonder if she will like it.
여동생을 주려고 목걸이를 샀다. 그녀가 그걸 마음에 들어할지 궁금하다.

'I wonder if ~'는 그러할지 아닐지 여부를 알 수 없는 일에 대한 궁금증을 말할 때 사용할 수 있는 표현이에요. 이때 if 뒤에는 '주어 + 동사'의 형태가 올 수 있으며, if 외에도 who, why, where 등 다른 의문사를 사용할 수도 있어요. 또한 I was wondering if you could를 사용하면 완곡한 부탁의 의미를 나타낼 수 있어요.

On Your Own

Dear diary,

Words & Phrases

he is at home 그가 집에 있다
it is true 그것이 사실이다
he will call 그가 전화를 할 것이다
she will come 그녀가 올 것이다
I did the right thing 내가 옳은 일을 했다
he understood me 그가 내 말을 이해했다
she will like it 그녀가 그것을 좋아할 것이다

Q 020

Date. . .

What do you guess there must be?

당신은 무엇이 있을 거라고 확신하나요?

Useful Pattern

There must be ~ 분명 ~이 있을 것이다.

The deal sounds too good to be true. There must be a catch.
그 계약은 너무 조건이 좋아서 사실 같지 않다. 분명 속임수가 있을 것이다.

'There must be ~'는 분명히 존재할 거라고 확신하는 것에 대해 말할 때 사용할 수 있어요. 원래 There is는 '있다'라는 의미인데, 여기에 추측을 나타내는 must를 덧붙인 표현이에요. 또한 상황에 따라서는 '~이 있어야 한다'라는 '의무'의 의미로도 사용될 수 있어요.

On Your Own

Dear diary,

Words & Phrases

a catch 속임수
a connection 연관
some reasons 어떤 이유
a better way 더 좋은 방법
another solution 다른 해결책
some difficulties 약간의 어려움
something wrong 뭔가 잘못된 것

Q 021 Date. . .

What are the things that you don't like?

당신 마음에 들지 않는 것은 무엇인가요?

Useful Pattern

I don't like the way ~ 나는 ~하는 방식이 마음에 안 든다.

My husband is a terrible driver. I don't like the way he drives.
남편은 난폭 운전을 한다. 나는 그가 운전하는 방식이 마음에 들지 않는다.

'I don't like the way ~'라는 패턴을 사용해서 마음에 들지 않는 방식에 대한 불만을 표현할 수 있어요. 이때 the way 뒤에는 '주어 + 동사'가 올 수 있어요. 또한 I like the way라는 구문을 사용해 마음에 드는 방식에 대해 표현할 수 있어요.

On Your Own

Dear diary,

Words & Phrases

he talks 그가 말하다
he drives 그가 운전하다
she thinks 그녀가 생각하다
she dresses 그녀가 옷을 입다
he looks at me 그가 나를 보다
he treats me 그가 나를 대하다
she handles the situation 그녀가 그 상황을 처리하다

Q 022 Date. . .

What do you think is impossible?

무엇이 불가능하다고 생각하나요?

Useful Pattern

There's no way to ~ ~할 방법이 없다.

I accidentally deleted an important file. There's no way to restore the data.
실수로 중요한 파일을 삭제했다. 자료를 복구할 길이 없다.

'There's no way to ~'라는 패턴을 사용해서 불가능한 일에 대해 말할 수 있어요. 이때 way는 '방법'이라는 의미이며, way 뒤에는 'to + 동사원형' 혹은 '(that) 주어 + 동사'가 올 수 있어요. 또한 It's impossible to로도 비슷한 의미를 나타낼 수 있어요.

On Your Own

Dear diary,

Words & Phrases

explain 설명하다
contact him 그에게 연락하다
avoid the blame 책임을 면하다
restore the data 자료를 복원하다
clean all this mess 어질러진 것을 다 치우다
justify his actions 그의 행동을 정당화하다
repair our marriage 우리 결혼 생활을 바로잡다

Q 023 Date. . .

Do you get sick frequently?

당신은 자주 아픈 편인가요?

Useful Pattern

I sometimes have 아픈 증상 나는 이따금 ~통증이 있다.

I get sick pretty easily. I sometimes have a terrible headache.
나는 꽤 병치레가 잦은 편이다. 나는 이따금 두통이 심하다.

'I sometimes have 아픈 증상'의 패턴을 이용하여 아픈 증상을 표현할 수 있어요. 이때 have 뒤에 '아픈 증상'이 올 수 있으며, mild, severe, terrible 등의 형용사를 사용하여 증상이 얼마나 심한지의 정보를 덧붙일 수 있어요. 또한 'I suffer from + 아픈 증상' 등의 표현을 통해서도 비슷한 의미를 나타낼 수 있어요.

On Your Own

Dear diary,

Words & Phrases

a terrible headache 심한 두통
a slight fever 미열
a runny nose 콧물이 나는 증상
a sore throat 목 통증
a stuffy nose 코막힘
a stomachache 복통
a mild rash 가벼운 발진

Q 024

Date. . .

Write one thing that you can't stop doing.

멈출 수 없는 행동을 하나 쓰세요.

Useful Pattern

I can't stop ~ 나는 계속 ~한다.

I can't stop shaking my leg. I want to stop, but I can't.
나는 계속 다리를 떤다. 멈추고 싶은데 잘 안 된다.

'I can't stop ~'이라는 패턴을 사용해서 멈출 수 없이 계속하게 되는 행동을 나타낼 수 있어요. 이때 stop 뒤에는 '동사원형 + -ing'의 형태를 사용해요. 또한 can't stop 대신 keep이나 continue를 사용해서 비슷한 의미를 나타낼 수 있어요.

On Your Own

Dear diary,

Words & Phrases

shake my leg 다리를 떨다
bite my nails 손톱을 물어뜯다
check my SNS SNS를 확인하다
twirl my hair 머리카락을 배배 꼬다
tap my foot 발로 바닥을 톡톡 치다
lick my lips 입술을 핥다
crack my knuckles 손가락 마디를 꺾어 소리를 내다

Q 025

Date. . .

What do you remember doing?

무엇을 했던 일이 기억나나요?

Useful Pattern

I remember 동사원형 + -ing 나는 ~했던 기억이 난다.

I certainly remember locking the door. But how come the door is open?
나는 분명 문을 잠갔던 기억이 난다. 그런데 어떻게 문이 열려 있지?

'I remember 동사원형 + -ing'는 기억하고 있는 일에 대해 말할 때 사용할 수 있는 표현이에요. I remember 뒤에 '동사원형 + -ing'를 사용하면 '과거에 했던 일을 기억하다'라는 의미예요. 하지만 'to + 동사원형'을 사용하면 '앞으로 해야 할 일을 기억하다'라는 의미로 바뀐다는 점에 유의하세요.

On Your Own

Dear diary,

Words & Phrases

go there 그곳에 가다
watch the match 시합을 보다
lock the door 문을 잠그다
water the lawn 잔디에 물을 주다
feed my cat 고양이에게 밥을 주다
see him in London 런던에서 그를 만나다
read his autobiography 그의 자서전을 읽다

Q 026

Date.   .   .

Is there anything you need right now?

지금 당장 필요한 것이 있나요?

Useful Pattern

I need some ~ 나는 ~이 좀 필요하다.

The new job offer was so unexpected. I need some time to think.
새로운 일자리 제안은 너무나 뜻밖이었다. 생각할 시간이 좀 필요하다.

'I need some ~'이라는 패턴을 사용해서 내가 필요한 대상을 표현할 수 있어요. 이때 some 뒤에는 명사가 올 수 있으며, What I need is라고 바꿔서 표현하면 강조의 의미를 더할 수 있어요. 또한 I don't need라고 표현하면 '나는 ~이 필요하지 않다'라는 부정의 의미가 돼요.

On Your Own

Dear diary,

Words & Phrases

reading material 읽을거리
time to think 생각할 시간
time alone 혼자 있는 시간
change 잔돈
time off 휴식
fresh air 신선한 공기
information on room rates 숙박료에 대한 정보

Q 027

Date. . .

What do you think you're lucky with?

운이 좋다고 생각하는 점은 뭔가요?

Useful Pattern

I'm lucky to ~ ~하다니 나는 운이 좋다.

My friends helped me move into a new house. I'm lucky to have good friends.
새집으로 이사하는데 친구들이 도와줬다. 좋은 친구들을 두다니 나는 운이 좋다.

'I'm lucky to ~'라는 패턴을 사용해서 운이 좋다고 생각하는 이유를 표현할 수 있어요. 이때 to 뒤에 동사원형을 사용하며, 'to + 동사원형' 대신 'that + 주어 + 동사'의 형태를 사용해 이유를 표현할 수도 있어요. 또한 'Luckily I + 동사'로도 비슷한 의미를 나타낼 수 있어요.

On Your Own

Dear diary,

Words & Phrases

be alive 살아 있다
be healthy 건강하다
have a good job 좋은 직장을 갖다
have loving parents 사랑 많은 부모님을 두다
have good friends 좋은 친구들을 두다
have another chance 다시 기회를 얻다
have a place to stay 머물 곳이 있다

Q 028 Date. . .

What do you often forget?

자주 까먹는 일은 뭔가요?

Useful Pattern

I forget to ~ ~하는 것을 깜빡하다.

I'm so forgetful these days. I forgot to close the window today.
나는 요즘 건망증이 심하다. 오늘은 창문 닫는 것을 잊어버렸다.

'I forgot to ~'는 어떤 일을 하는 것을 잊어버렸을 때 사용할 수 있는 표현이에요. 이때 forgot은 동사 forget(잊어버리다)의 과거형이며, to 뒤에는 동사원형을 사용해요. 'to + 동사원형' 대신 '동사원형 + -ing'를 사용할 경우, 과거에 했던 일을 기억하지 못한다는 의미가 된다는 것에 주의하세요.

On Your Own

Dear diary,

Words & Phrases

set the alarm 알람을 맞추다
feed the dog 강아지 먹이를 주다
turn off the light 전등을 끄다
put on sunscreen 자외선 차단제를 바르다
call the client 고객에게 전화하다
close the window 창문을 닫다
upload the files 파일을 업로드하다

Q 029 Date. . .

What is hard to do when you are tired?

피곤할 때 하기 힘든 일은 뭔가요?

Useful Pattern

I'm too tired to ~ 너무 피곤해서 ~을 못 하겠다.

I was busy all day long today. I'm too tired to wash my face now.
오늘 온종일 바빴다. 지금은 너무 피곤해서 세수도 못 하겠다.

'I'm too tired to ~'는 너무 피곤해서 어떤 행동을 할 수 없을 때 사용할 수 있는 표현이에요. 이때 too 뒤에는 다양한 형용사를 사용할 수 있으며, to 뒤에는 동사원형을 사용해야 해요. 'I'm so tired that I can't ~'로 바꿔 표현할 수도 있어요.

On Your Own

Dear diary,

Words & Phrases

wash my face 세수하다
do the dishes 설거지하다
get up early 일찍 일어나다
go out jogging 조깅하러 나가다
get out of bed 잠자리에서 일어나다
think straight 제대로 생각하다
take a shower 샤워하다

Q 030

Date. . .

Were you busy today?

오늘 바빴나요?

Useful Pattern

I was busy 동사원형 + -ing ~하느라 바빴다.

I'm going on a trip this weekend. I was busy making the itinerary.
이번 주말에 여행을 갈 예정이다. 여행 일정을 짜느라 바빴다.

'I am(과거형 was) busy 동사원형 + -ing'는 무엇을 하느라 바쁜지를 말할 때 사용할 수 있는 표현이에요. 이때 busy 뒤에 '동사원형 + -ing'나 'with + 명사'를 사용해서 바쁜 원인에 대해 이야기할 수 있어요. I'm occupied with라는 표현으로도 비슷한 의미를 나타낼 수 있어요.

On Your Own

Dear diary,

Words & Phrases

do the laundry 빨래를 하다
pack for the move 이삿짐을 싸다
clean my room 방 청소하다
repair my house 집을 수리하다
prepare for the final 기말고사를 준비하다
make the itinerary 여행 일정을 짜다
work on a big project 중요한 프로젝트를 맡다

Q 031 Date. . .

What do you think is not important?

중요하지 않다고 생각하는 게 무엇인가요?

Useful Pattern

I don't care about ~ 나는 ~는 신경 안 쓴다.

Jean is my best friend. I don't care about the rumors about her.
진은 내 가장 친한 친구다. 나는 그녀에 대한 소문은 신경 안 쓴다.

'I don't care about ~'이라는 패턴을 사용해서 중요하다고 생각하지 않아서 신경 쓰지 않는 일을 표현할 수 있어요. 이때 about 뒤에 명사를 사용하거나 I don't care 뒤에 바로 '의문사 + 주어 + 동사'의 형태를 쓰기도 해요. I care about이라는 긍정문을 사용하면 내가 관심을 갖고 있는 일을 표현할 수도 있어요.

On Your Own

Dear diary,

Words & Phrases

the cost 비용
the looks 외모
my scores 점수
her past 그녀의 과거
his feelings 그의 감정
other people 다른 사람들
the rumors about her 그녀에 대한 소문

Q 032

Date. . .

What is it that you don't have?

당신이 갖고 있지 않은 것은 무엇인가요?

Useful Pattern

I have nothing to ~ 나는 ~할 게 없다.

I'm perfectly ready for the big presentation. I have nothing to worry about.
중요한 발표를 위한 준비가 완벽히 끝났다. 나는 걱정할 게 없다.

'I have nothing to ~'라는 패턴을 사용해서 어떤 대상을 가지고 있지 않음을 표현할 수 있어요. 이때 nothing 뒤에는 'to + 동사원형'이 와서 nothing을 수식하는 역할을 해요. 또한 I've got nothing to라고 바꾸어 표현해도 비슷한 의미를 나타낼 수 있어요.

On Your Own

Dear diary,

Words & Phrases

say 말하다
lose 잃어버리다
hide 숨기다
worry about 걱정하다
be afraid of 두려워하다
complain of 불평하다
feel bad about 기분 상하다

Q 033 Date. . .

What were you about to do?

당신은 막 무엇을 하려던 참이었나요?

Useful Pattern

I was about to ~ 막 ~하려던 참이었다.

I was about to wash my car. Just then, it started to pour from the clear sky.
나는 막 세차를 하려고 했다. 바로 그때, 맑은 하늘에서 비가 쏟아지기 시작했다.

'I was about to ~'라는 패턴을 사용해서 막 하려고 했던 일을 나타낼 수 있어요. 이때 to 뒤에는 동사원형을 사용하며, about 앞에 just를 추가하여 강조의 의미를 더할 수도 있어요. 미래의 일에 대해 말한다는 점에서 'be going to ~'와 비슷하지만, be about to는 어떤 일이 실현되기 직전이었다는 의미까지 담고 있어요.

On Your Own

Dear diary,

Words & Phrases

step out 나가다
wash my car 세차하다
make a call 전화하다
cross the road 길을 건너다
wash my hair 머리를 감다
say the same thing 같은 말을 하다
ask the same question 같은 질문을 하다

Q 034

Date. . .

How did you spend your day today?

오늘 하루를 어떻게 보냈나요?

Useful Pattern

I did nothing but ~ 나는 ~하기만 했다.

I have an exam for a promotion test tomorrow. So I did nothing but prepare for it.
내일 승진 시험이 있다. 그래서 종일 시험 준비만 하며 보냈다.

'I did nothing but ~'은 종일 어떤 행동만 하며 시간을 보냈는지를 말할 때 사용할 수 있는 표현이에요. 이때 but은 '그러나'가 아니라 '~을 제외하고는'이라는 의미로, do nothing but은 '~이외에는 아무것도 하지 않았다', 즉 '~하기만 했다'라고 이해할 수 있어요. 또한 but 뒤에는 동사원형을 사용한다는 점에 유의하세요.

On Your Own

Dear diary,

Words & Phrases

watch television TV를 보다
cook and clean 요리하고 청소하다
stay in bed 침대에서 빈둥거리다
prepare for the exam 시험을 준비하다
talk on the phone 전화 통화하다
play computer games 컴퓨터 게임을 하다
cry all day 종일 울다

Q 035 Date. . .

What do you feel recently?

요새 어떤가요?

Useful Pattern

It seems like ~ ~인 것 같다.

It seems like my boss doesn't like me. He avoids eye contact.
내 상사는 나를 좋아하지 않는 것 같다. 눈을 맞추려고 하지 않는다.

'It seems like ~'는 자신이 추측한 바에 대해 부드럽게 표현할 때 사용할 수 있는 표현이에요. 이때 seems 뒤에는 형용사, 'like + 명사', 'like + 주어 + 동사' 등의 형태가 올 수 있어요. 또한 It looks like나 It feels like를 사용해서 비슷한 의미를 나타낼 수 있어요.

On Your Own

Dear diary,

Words & Phrases

he is a nice guy 그는 좋은 사람이다
I need a little rest 휴식이 조금 필요하다
he has run out of luck 그는 운이 다하다
she is in trouble 그녀가 곤경에 처하다
he is in a bad mood 그가 기분이 안 좋다
my boss doesn't like me 상사가 나를 좋아하지 않는다

Q 036 Date. . .

What are you good at?

당신은 무엇을 잘하나요?

Useful Pattern

I'm good at ~ 나는 ~을 잘한다.

I'm very good at remembering faces. It helps a lot in my business.
나는 사람들 얼굴을 아주 잘 기억한다. 그게 내 사업에 큰 도움이 된다.

'I'm good at ~'이라는 패턴을 사용해서 자신이 잘하는 일를 나타낼 수 있어요. at 뒤에는 명사나 '동사원형 + -ing'를 붙여서 사용할 수 있어요. I'm poor at이라고 하면 '나는 ~에 서투르다'라는 반대의 의미가 된다는 것도 기억하세요.

On Your Own

Dear diary,

Words & Phrases

bake 빵을 굽다
cook 요리하다
make things 물건을 만들다
remember faces 얼굴을 기억하다
do crosswords 십자말 풀이를 하다
guess 알아맞히다
keep secrets 비밀을 지키다

Q 037

Date.　　.　　.

What do you want for now?

당신은 지금 무엇을 원하나요?

Useful Pattern

All I need is ~ 나는 ~가 필요하다/~만 있으면 된다.

After a day's work, I'm totally exhausted. All I need is a good night's sleep now.
하루 일이 끝나고, 나는 완전히 지쳤다. 나는 지금 충분한 숙면이 필요하다.

'All I need is ~'라는 패턴을 사용해서 내가 필요로 하는 것이 무엇인지를 표현할 수 있어요. 이 표현을 우리말로 그대로 옮기면 '내가 필요로 하는 모든 것은 ~이다'라는 의미이므로, '~만 있으면 된다'라는 의미가 돼요. 이 표현은 'I need ~'보다 더 강하게 필요를 나타낼 수 있어요.

On Your Own

Dear diary,

Words & Phrases

a cold beer 차가운 맥주 한잔
some rest 약간의 휴식
his encouragement 그의 격려
a good night's sleep 충분한 숙면
some time to myself 혼자만의 시간
a friend to talk to 대화를 나눌 친구
a hot meal 따뜻한 (조리된) 식사

Q 038 Date. . .

Write one thing that you can't put up with.

당신이 참을 수 없는 것 하나를 쓰세요.

Useful Pattern

I can't stand ~ 나는 ~를 참을 수가 없다.

I can't stand my neighbor's noises any longer. It keeps me up at night.
이웃이 내는 소음을 더는 참을 수가 없다. 밤에 잠을 잘 수가 없다.

'I can't stand ~'라는 패턴을 사용해서 참기 힘든 대상이나 행동을 나타낼 수 있어요. 이때 stand는 '참다, 견디다'의 의미이며, stand 대신 tolerate 혹은 bear를 사용해 비슷한 의미를 나타낼 수 있어요. 또한 I can't stand 뒤에는 명사뿐 아니라 '동사원형 + -ing' 혹은 'to + 동사원형'의 형태를 사용하기도 해요.

On Your Own

Dear diary,

Words & Phrases

cold weather 추운 날씨
long meetings 긴 회의
his bad breath 입 냄새
her rude behaviors 그녀의 무례한 행동
malicious comments 악플
the sight of blood 피를 보는 것
my neighbor's noises 이웃이 내는 소음

Q 039

Date. . .

What are you ready to do?

당신은 무엇을 할 준비가 되어 있나요?

Useful Pattern

I'm ready to ~ ~할 준비가 됐다.

I'm completely done with my ex-boyfriend. Now I'm ready to meet someone new.
전 남자친구와는 완전히 끝났다. 이제 나는 새로운 사람을 만날 준비가 됐다.

'I'm ready to ~'라는 패턴을 사용해서 어떤 일을 할 준비가 되어 있음을 나타낼 수 있어요. 이때 to 뒤에는 동사원형을 사용하며, 'to + 동사원형' 대신 'for + 명사'를 사용할 수도 있어요. 또한 ready 대신 prepared라는 표현을 사용해도 비슷한 의미를 나타낼 수 있어요.

On Your Own

Dear diary,

Words & Phrases

take the test 시험을 보다
settle down 정착하다
give a presentation 발표하다
meet someone new 새로운 사람을 만나다
get back to work 업무에 복귀하다
take on a new project 새 프로젝트를 맡다
start my own business 사업을 시작하다

Q 040

Date. . .

What are you going to do tomorrow?

당신은 내일 무엇을 할 건가요?

Useful Pattern

I will ~ 나는 ~할 것이다.

I always order the same thing at the same restaurant. Tomorrow I will to try something new.
나는 항상 같은 레스토랑에서 같은 음식만 주문한다. 내일은 새로운 걸 시도해볼 것이다.

'I will ~'이라는 패턴을 사용해서 미래의 계획을 말할 수 있어요. 이때 will 뒤에는 동사원형을 사용해요. 또한 I'm going to 뒤에 동사원형을 붙여도 비슷한 의미를 표현할 수 있어요.

On Your Own

Dear diary,

Words & Phrases

have a party 파티를 열다
take a break 잠시 쉬다
take a shower 샤워하다
grab a coffee 커피 한잔 마시다
try something new 새로운 걸 시도하다
catch up on sleep 밀린 잠을 자다
do some grocery shopping 장을 보다

Q 041

Date. . .

Write down one thing that you think is too late to do.

너무 늦어서 할 수 없다고 생각하는 것을 써보세요.

Useful Pattern

It's too late to ~ ~하기에 너무 늦었다.

I'm starving now. But it's too late to have pizza delivered.
배고파 죽겠다. 하지만 피자를 배달시키기에는 너무 늦었다.

'It's too late to ~'라는 패턴을 사용해서 너무 늦어서 할 수 없는 일을 나타낼 수 있어요. 이때 It's는 It is의 줄임말이며, to 뒤에는 동사원형을 사용해요. 또한 It's too late that I can't~로 바꿔도 같은 의미를 나타낼 수 있어요.

On Your Own

Dear diary,

Words & Phrases

say no 거절하다
apologize 사과하다
get a refund 환불받다
start over 다시 시작하다
cancel my order 주문을 취소하다
ask for permission 허락을 구하다
have pizza delivered 피자를 배달시키다

Q 042

Date. . .

What's one thing you would like to change about your past?

과거에 대해 바꾸고 싶은 한 가지는 무엇인가요?

Useful Pattern

I should have + p. p. 나는 ~했어야 했다.

I should have woken up earlier this morning. I was late for work again.
나는 오늘 아침에 더 일찍 일어났어야 했다. 회사에 또 지각했다.

'I should have p. p.'라는 패턴을 사용해서 해야 했는데 하지 못한 지난 일에 대한 후회를 나타낼 수 있어요. 반대로 하지 말았어야 했는데 해버린 일에 대한 후회는 I shouldn't have p. p.(나는~하지 말았어야 했다)로 표현할 수 있어요. 이때 p. p.(과거분사)는 동사의 변화형 중 하나로 사전을 통해 확인할 수 있어요.

On Your Own

Dear diary,

Words & Phrases

save money 돈을 절약하다
tell the truth 사실을 말하다
study harder 더 열심히 공부하다
wake up earlier 더 일찍 일어나다
be more careful 더 조심하다
bring an umbrella 우산을 가져가다
listen to my mother 엄마의 말씀을 듣다

Q 043

Date. . .

What can you guess about the past?

과거에 대해서 무엇을 추측할 수 있나요?

Useful Pattern

He must have p. p. 그는 분명 ~했을 것이다.

I called Mark, but he didn't answer the phone. He must have left his phone in his car.
내가 마크에게 전화를 했지만, 받지 않았다. 그는 분명 차에 휴대전화를 두고 내렸을 것이다.

'He must have p. p.'는 과거에 있었던 일에 대해 확신을 가지고 추측할 때 사용할 수 있는 표현이에요. 이때 have 뒤에는 p. p.(과거분사)를 사용하며, must와 have를 줄여서 must've로 표현할 수도 있어요. 또한 must 대신 may를 사용하면 과거에 있었던 일에 대한 다소 불확실한 추측을 표현할 수 있어요.

On Your Own

Dear diary,

Words & Phrases

leave already 이미 떠나다
pay a fortune 거금을 쓰다
change his mind 마음을 바꾸다
have a hard time 힘든 시간을 보내다
know something 무언가를 알고 있다
arrive home by now 지금쯤 집에 도착하다
leave his phone in his car 차에 휴대폰을 두고 내리다

Q 044 Date. . .

What is something that almost happened but didn't?

거의 일어날 뻔했지만 일어나지 않았던 일은 무엇인가요?

Useful Pattern

I almost 과거동사 ~할 뻔했다.

His lecture was so boring and difficult. I almost fell asleep in class.
그의 강의는 너무 지루하고 어려웠다. 나는 수업 중에 잠이 들 뻔했다.

'I almost 과거동사'는 일어날 뻔했으나 실제로는 발생하지 않은 일을 나타낼 때 사용하는 표현이에요. 이때 I almost 뒤에는 과거동사를 사용한다는 점에 유의하세요. 또한 I nearly 라는 표현을 사용해도 비슷한 의미를 나타낼 수 있어요.

On Your Own

Dear diary,

Words & Phrases

cry 울다
give up 포기하다
fall asleep 잠이 들다
miss the bus 버스를 놓치다
burn down my house 집을 태우다
fall for his trick 그의 속임수에 넘어가다
forget his face 그의 얼굴을 잊어버리다

Q 045

Date. . .

Write one thing that you've never done before.

이전에 한 번도 해보지 않은 일을 써보세요.

Useful Pattern

I've never p. p. ~해본 적 없다.

I work out in the gym everyday. I've never missed a day.
나는 헬스장에서 매일 운동을 한다. 하루도 빠진 적이 없다.

'I've never p. p.'는 한 번도 경험하지 못한 일을 나타낼 때 사용하는 표현이에요. 이때 I've는 I have를 줄인 말이며, before(전에)라는 부사를 문장 맨 뒤에 덧붙여 사용할 수도 있어요. 또한 never라는 부정의 부사를 빼고 'I've p. p. before'를 사용하여 '전에 ~해본 적 있다'라고 경험을 나타낼 수도 있어요.

On Your Own

Dear diary,

Words & Phrases

learn Spanish 스페인어를 배우다
miss a day 하루 빠지다
borrow money from friends 친구들에게 돈을 빌리다
lose an argument 논쟁에서 지다
travel abroad 해외여행을 하다
ask someone out 데이트 신청을 하다
meet her in person 그녀를 직접 만나다

Q 046

Date.   .   .

What do you have with you now?

당신은 지금 무엇을 가지고 있나요?

Useful Pattern

I've got some ~ ~이 좀 있다.

Today's meeting has been canceled. So I've got some free time this afternoon.
오늘 회의가 취소되었다. 그래서 오후에 여유 시간이 좀 생겼다.

'I've got some ~'이라는 패턴을 사용해서 가지고 있는 물건이나 정보 등을 표현할 수 있어요. 이때 some 뒤에는 명사가 올 수 있으며, 명사 뒤에 'to + 동사원형'을 덧붙여 더 자세한 정보를 추가할 수도 있어요. 또한 I have some이라고 바꾸어 표현해도 비슷한 의미를 나타낼 수 있어요.

On Your Own

Dear diary,

Words & Phrases

laundry 세탁물
change 잔돈
good news 좋은 소식
personal business 개인적인 용무
spare bulbs 여분의 전구
headache medicine 두통약
free time 여유 시간

Q 047 Date. . .

What made you happy today?

오늘 무엇 때문에 행복했나요?

Useful Pattern

I'm happy to ~ 나는 ~해서 기쁘다.

I returned from my business trip to China. I'm happy to be back home.
중국 출장을 마치고 돌아왔다. 다시 집에 오니 기쁘다.

'I'm happy to ~'라는 패턴을 사용해서 기쁜 감정과 그 원인을 표현할 수 있어요. 이때 to 뒤에 동사원형을 사용해서 기쁜 감정의 원인에 대해서 나타내요. happy 대신 glad, pleased 등 다른 형용사를 사용해도 비슷한 의미를 나타낼 수 있어요.

On Your Own

Dear diary,

Words & Phrases

see him again 그를 다시 만나다
join the team 그 팀에 합류하다
be back home 집에 돌아오다
get the job 그 일을 맡다
hear the good news 좋은 소식을 듣다
get in touch with her 그녀와 연락이 되다
have an open discussion 솔직한 논의를 하다

Q 048

Date. . .

What were you told to do today?

오늘 무엇을 하라는 이야기를 들었나요?

Useful Pattern

I was told to ~ ~하라는 말을 들었다.

I have an important meeting tomorrow. I was told to dress up.
내일 중요한 회의가 있다. 옷을 차려입으라는 이야기를 들었다.

'I was told to ~'는 전해 들은 당부에 대해 말할 때 사용하는 표현이에요. tell은 '말하다'라는 의미이지만, be told는 수동형으로 '듣다'라는 의미라는 점에 유의하세요. I was told 뒤에는 전해 들은 내용을 나타내기 위해 'to + 동사원형'이나 'that + 주어 + 동사'가 올 수 있어요.

On Your Own

Dear diary,

Words & Phrases

dress up 옷을 갖춰 입다
call back 다시 전화하다
wait for a while 잠시 기다리다
fix the problem 문제를 해결하다
mind my own business 내 일에나 신경 쓰다
read the manual first 먼저 설명서를 읽다
speak to no one 누구에게도 말하지 않다

Q 049

Date. . .

What are the things you don't have to do?

당신이 할 필요가 없는 일은 무엇인가요?

Useful Pattern

I don't have to ~ ~할 필요가 없다.

I can have anything delivered these days. I don't have to cook anymore.
요즘은 뭐든 배달시킬 수 있다. 나는 더 이상 요리할 필요가 없다.

'I don't have to ~'는 굳이 할 필요가 없는 일에 대해 말할 때 사용하는 표현이에요. 이때 to 뒤에는 동사원형이 오며, 문장의 맨 뒤에 anymore를 덧붙이면 '더 이상 ~할 필요가 없다'라는 의미를 추가할 수 있어요. '~해야 한다'는 의미인 have to의 반대말로 착각하여, '나는 ~하면 안 된다'로 해석하지 않도록 주의하세요.

On Your Own

Dear diary,

Words & Phrases

cook 요리하다
go shopping 쇼핑하러 가다
listen to him 그의 말을 듣다
follow the recipe 조리법을 따르다
convince her 그녀를 설득하다
fight or argue 싸우거나 논쟁하다
finish this work 이 일을 끝내다

Q 050

Date. . .

What are your worries these days?

요즘 걱정이 뭔가요?

Useful Pattern

I'm worried about ~ ~하는 것이 걱정이다.

I'm worried about giving a presentation on the new product tomorrow. I need more time.
내일 신제품에 대해 발표하는 게 걱정된다. 시간이 더 필요하다.

'I'm worried about ~'이라는 패턴을 사용해서 나의 걱정거리를 나타낼 수 있어요. about 뒤에는 명사 혹은 동사에 -ing를 붙여서 사용할 수 있어요. worried 대신 concerned나 anxious라는 단어로 바꿔 쓸 수 있어요.

On Your Own

Dear diary,

Words & Phrases

make mistakes 실수하다
pass the exam 시험을 통과하다
catch a cold 감기에 걸리다
make new friends 새 친구를 사귀다
give a presentation 발표하다
get a job 일자리를 얻다
gain weight 살이 찌다

Q 051

Date. . .

What are you in the mood for today?

오늘은 뭐가 당기나요?

Useful Pattern

I'm in the mood for ~ ~가 당긴다.

Today I had a really busy day. Now I'm in the mood for something spicy.
오늘 정말 바쁜 하루를 보냈다. 매운 것이 생각난다.

'I'm in the mood for ~'는 원하는 것이나 하고 싶은 일을 표현할 때 사용하는 패턴이에요. 이때 I'm in the mood 뒤에는 'for + 명사'나 'to + 동사원형'의 형태를 사용할 수 있어요. 또한 'I want to + 동사원형'이나 'I feel like 동사원형 + -ing'를 사용해 비슷한 의미를 나타낼 수도 있어요.

On Your Own

Dear diary,

Words & Phrases

shopping 쇼핑
Italian food 이탈리아 음식
a fun movie 웃긴 영화
a good meal 맛있는 식사
something spicy 매운 것
a nice long walk 상당히 긴 산책
a drink 술 한잔

Q 052

Date. . .

Is there something that's true, but you don't know why?

사실이긴 하지만, 이유를 모르겠는 일이 있나요?

Useful Pattern

I have no idea why ~ 왜 ~인지 이유를 전혀 모르겠다.

My brother hasn't spoken to me in weeks. I have no idea why he's angry.
내 동생이 몇주째 내게 말을 하지 않는다. 왜 그가 화났는지 이유를 모르겠다.

'I have no idea why ~'는 이유를 알 수 없는 일에 대해 말할 때 사용할 수 있는 표현이에요. 이때 why 뒤에는 '주어 + 동사'의 형태가 올 수 있으며, why 외에도 what, how, where 등 다른 의문사를 사용할 수도 있어요. 또한 I don't know나 I'm not sure를 사용해서 비슷한 의미를 나타낼 수 있어요.

On Your Own

Dear diary,

Words & Phrases

he's here 그가 여기에 있는지
she's angry 그녀가 화가 났는지
he hates me 그가 나를 싫어하는지
she lied to me 그녀가 나에게 거짓말을 했는지
he cares so much 그가 그렇게 신경을 쓰는지
she's so nice to me 그녀가 나에게 잘해주는지

Q 053

Date. . .

What makes you nervous?

무엇이 당신을 긴장하게 만드나요?

Useful Pattern

I'm nervous about ~ ~ 때문에 긴장된다.

I'm nervous about my upcoming surgery. It's a simple one, but I'm still worried.
다가오는 수술 때문에 긴장된다. 간단한 수술이지만, 그래도 걱정된다.

'I'm nervous about ~'라는 패턴을 사용해서 무엇 때문에 긴장되는지를 나타낼 수 있어요. 이때 about 뒤에는 명사 혹은 동사에 -ing를 붙여서 사용할 수 있어요. 또한 I'm feeling uneasy about을 사용해도 비슷한 의미를 나타낼 수 있어요.

On Your Own

Dear diary,

Words & Phrases

my first day at work 출근 첫날
the new semester 신학기
the first date 첫 데이트
the driving test 운전면허 시험
my upcoming surgery 곧 있을 수술
my job interview 입사 면접
public speaking 공개 연설

Q 054

Date. . .

Are there any changes you've made in your daily life?

일상생활에서 전과 다르게 하고 있는 게 있나요?

Useful Pattern

I used to ~ 나는 ~하곤 했다.

I used to eat a lot of junk food, but now I only eat healthy foods.
난 정크푸드를 많이 먹곤 했다. 하지만 이제는 건강에 좋은 음식만 먹는다.

'I used to ~'이라는 패턴을 사용해서 과거에는 자주 했지만 지금은 그렇지 않은 일을 나타낼 수 있어요. 또한 현재와는 대비되는 과거의 상태를 말할 때도 이 표현을 사용할 수 있어요. 이때 to 뒤에는 동사원형을 사용한다는 점에 주의하세요.

On Your Own

Dear diary,

Words & Phrases

drive to work 차로 출근하다
eat out often 자주 외식하다
stay up late 늦게까지 깨어 있다
watch a lot of TV TV를 많이 보다
exercise regularly 규칙적으로 운동하다
eat a lot of junk food 정크푸드를 많이 먹다
go to the movies often 자주 영화 보러 가다

Q 055

Date. . .

Write one thing that you're used to doing.

당신이 익숙하게 하는 일 하나를 쓰세요.

Useful Pattern

I'm used to ~ ~하는 데 익숙하다.

I work overtime at least twice a week, so I'm used to working long hours.
나는 최소한 일주일에 두 번은 야근을 해서 장시간 일하는 것에 익숙하다.

'I'm used to ~'는 익숙한 일에 대해 말할 때 사용할 수 있는 표현이에요. 이때 I'm은 I am의 줄임말이며, to 뒤에는 명사, 대명사 혹은 동사원형에 -ing를 붙인 형태를 사용해요. 또한 I'm accustomed to라는 표현을 사용해서 비슷한 의미를 나타낼 수 있어요.

On Your Own

Dear diary,

Words & Phrases

live alone 혼자 살다
eat spicy food 매운 음식을 먹다
make big decisions 중요한 결정을 내리다
work long hours 장시간 일하다
talk with kids 어린아이들과 이야기하다
be recognized 사람들이 알아보다
do paperwork 문서 작업을 하다

Q 056 Date. . .

What are you thinking of doing next month?

다음 달에는 뭘 하려고 생각 중인가요?

Useful Pattern

I'm thinking of ~ ~할까 생각 중이다.

I think we'll be short handed next month. I'm thinking of calling off my trip.
다음 달에는 일손이 모자랄 것 같다. 여행을 취소할까 생각 중이다.

'I'm thinking of ~'라는 패턴을 사용해서 결정을 내리지 못하고 고민 중인 일을 나타낼 수 있어요. 이때 of 뒤에는 명사나 '동사원형 + -ing'가 올 수 있어요. I'm considering이라는 표현을 사용해도 비슷한 의미를 나타낼 수 있어요.

On Your Own

Dear diary,

Words & Phrases

get a new car 새 차를 사다
call off my trip 여행을 취소하다
quit my job 일을 그만두다
buy a new phone 새 전화를 사다
relocate my office 사무실을 이전하다
go back to school (학교로 돌아가) 공부를 다시 시작하다

Q 057

Date. . .

Is there anything you can't think of at the moment?

지금 당장은 생각나지 않는 것이 있나요?

Useful Pattern

I can't think of ~ ~이 떠오르지 않는다.

I really don't want to go to today's dinner party, but I can't think of a good excuse.
오늘 저녁 파티에 정말 가고 싶지 않다. 하지만 적당한 핑계가 떠오르지 않는다.

'I can't think of ~'는 머리에 떠오르지 않는 것을 표현할 때 사용할 수 있어요. 이때 of 뒤에는 명사가 올 수 있어요. 또한 '지금 당장은'이라는 의미를 더하려면, 문장의 맨 끝에 at the moment를 덧붙일 수 있어요.

On Your Own

Dear diary,

Words & Phrases

his name 그의 이름
anyone else 다른 사람
a better way 더 나은 방법
a good excuse 적당한 핑계
any similar case 비슷한 사례
any possible explanation 가능한 설명
a right person for the job 그 일에 대한 적임자

Q 058

Date. . .

What do you have to do from now on?

지금부터 당신은 무엇을 해야 하나요?

Useful Pattern

It's time to ~ ~해야 할 때다.

Today is the last day of my summer vacation. It's time to get back to my regular life.
오늘은 여름 휴가의 마지막 날이다. 일상으로 돌아가야 할 때다.

'It's time to ~'는 해야 할 일에 대해 말할 때 사용하는 표현이에요. 이때 time 뒤에는 'for + 명사'나 'to + 동사원형'이 올 수 있어요. 또한 It's time to 앞에 I think나 I guess라는 말을 붙여 조금 더 완곡한 의미를 표현할 수도 있어요.

On Your Own

Dear diary,

Words & Phrases

grow up 철이 들다
wake up 정신을 차리다
slow down 속도를 늦추다
let go of the past 과거는 잊다
get out of bed 잠자리에서 일어나다
get down to work 제대로 일을 시작하다
get back to my regular life 일상생활로 돌아가다

Q 059 Date. . .

What are you supposed to do today?

오늘 어떤 일을 하기로 되어 있나요?

Useful Pattern

I'm supposed to ~ ~하기로 되어 있다.

My brother is going to Singapore for vacation, and I'm supposed to take care of his dog.
동생이 휴가차 싱가포르에 가기로 해서, 내가 개를 돌봐주기로 했다.

'I'm supposed to ~'라는 패턴을 사용해서 예정이나 의무를 나타낼 수 있어요. 'Aren't you supposed to ~?'라는 부정의 의문문을 사용하면 상대방이 해야 할 일을 상기시켜줄 때도 사용할 있어요. 이때 to 뒤에는 동사원형을 사용해요.

On Your Own

Dear diary,

Words & Phrases

attend a meeting 회의에 참석하다
pick up my friend 친구를 데리러 가다
finish the project 프로젝트를 끝내다
drop by his office 그의 사무실에 들르다
go on a business trip 출장을 가다
get a medical checkup 건강 검진을 받다
take care of his cat 그의 고양이를 돌보다

Q 060 Date. . .

What do you need to do?

당신은 무엇을 해야 하나요?

Useful Pattern

I think I need to ~ ~해야 할 것 같다.

The yellow dust is really bad today. I think I need to wear a mask.
오늘 황사가 너무 심하다. 마스크를 써야 할 것 같다.

'I think I need to ~'는 해야 할 필요가 있는 일에 대해 말할 때 사용하는 표현이에요. 이때 to 뒤에는 동사원형이 오며, I think를 빼고 I need to라고 말할 경우 '~해야 한다'라는 보다 단정적인 의미를 나타낼 수 있어요. 또한 I have to로도 비슷한 의미를 나타낼 수 있어요.

On Your Own

Dear diary,

Words & Phrases

dress up 옷을 갖춰 입다
wear a mask 마스크를 쓰다
get some sleep 잠을 자다
stay indoors 실내에 머물다
go grocery shopping 장 보러 가다
call my parents 부모님께 전화하다
have a cup of coffee 커피 한잔 마시다

Q 061 Date. . .

What are you planning to do?

무엇을 할 계획인가요?

Useful Pattern

I'm planning to ~ ~할 계획이다.

My summer vacation is coming up. I'm planning to go backpacking in Europe.
여름 휴가가 다가오고 있다. 유럽으로 배낭여행을 갈 계획이다.

'I'm planning to ~'라는 패턴을 사용해서 미래의 계획을 나타낼 수 있어요. 또한 Are you planning to ~?라는 의문문을 사용하면 상대방의 계획을 물을 수도 있어요. 이때 to 뒤에는 동사원형을 사용해요.

On Your Own

Dear diary,

Words & Phrases

buy a new bag 새 가방을 구입하다
learn yoga 요가를 배우다
get married 결혼하다
go backpacking 배낭여행을 가다
return to work 복직하다
make a career change 다른 일을 하다
take a day off 하루 휴가를 내다

Q 062

Date.　　.　　.

What news did you hear?

어떤 소식을 들었나요?

Useful Pattern

I heard about ~ ~에 관해 들었다.

I heard about the explosion in my neighborhood. I guess it was because of a gas leak.
우리 동네에서 일어난 폭발 사고에 대해 들었다. 가스 유출 때문인 것 같다.

'I heard about ~'은 자신이 들은 소식에 대해 말할 때 사용하는 표현이에요. I heard 뒤에는 'about + 명사' 혹은 'that + 주어 + 동사'의 형태가 올 수 있어요. 소식을 전해준 사람이나 소식의 출처에 대한 정보는 'from + 명사'의 형태로 덧붙일 수 있어요.

On Your Own

Dear diary,

Words & Phrases

his promotion 그의 승진
the power outage 정전
the explosion 폭발 사고
the missing child 실종된 아이
his divorce 그의 이혼
his retirement 그의 퇴직
her crazy plan 그녀의 터무니없는 계획

Q 063 Date. . .

What would you rather do?

당신은 차라리 무엇을 하시겠습니까?

Useful Pattern

I'd rather ~ 나는 차라리 ~하겠다.

Traveling with a group of friends isn't always easy. I'd rather travel alone.
친구들과 함께 여행하기는 항상 쉽지만은 않다. 나는 차라리 혼자 여행을 하겠다.

'I'd rather ~'라는 패턴을 사용해서 선호하는 차선책을 표현할 수 있어요. 이때 I'd는 I would의 줄임말이며, rather 뒤에는 동사원형을 사용해요. 또한 rather 뒤에 not을 더하면 '나는 차라리 ~하지 않겠다'라는 '부정'의 의미를 나타낼 수 있어요.

On Your Own

Dear diary,

Words & Phrases

work at home 집에서 일하다
rent a car 차를 빌리다
stay single 독신으로 지내다
travel alone 혼자 여행하다
do nothing 아무것도 하지 않다
have a quiet night alone 혼자 조용한 저녁을 보내다
talk over the phone 전화로 이야기하다

Q 064 Date. . .

What do you worry might happen?

당신은 어떤 일이 일어날까봐 걱정이 되나요?

Useful Pattern

What if ~ ~하면 어쩌지?

My sister's wedding is going to be held on the beach tomorrow. What if it rains?
여동생의 결혼식이 내일 해변에서 열린다. 비가 오면 어쩌지?

'What if ~'는 아직 일어나지 않은 일의 결과에 대한 궁금증을 나타낼 때 사용할 수 있는 표현으로, 주로 부정적인 상황에 대해 이야기할 때 사용해요. What would happen if를 줄여서 표현한 것으로, 뒤에는 '주어 + 동사'의 형태가 올 수 있어요.

On Your Own

Dear diary,

Words & Phrases

my plan fails 내 계획이 실패하다
it rains 비가 오다
I'm wrong 내가 틀리다
I'm too late 너무 늦다
I bump into her 그녀와 마주치다
I miss the last bus 막차를 놓치다
my parents find out 부모님이 아시다

Q 065

Date.   .   .

Write one thing that you don't have.

당신이 가지고 있지 않은 것을 하나 써보세요.

Useful Pattern

I don't have any ~ 나는 ~이 전혀 없다.

Breakfast is the most important meal of the day. But I don't have any appetite in the morning.
아침이 하루 중 가장 중요한 식사다. 하지만 나는 아침에는 입맛이 전혀 없다.

'I don't have any ~'라는 패턴을 사용해서 가지고 있지 않은 것에 대해 이야기할 수 있어요. 이때 any는 not과 함께 쓰여 '전혀 ~가 없다'라는 강조의 의미를 더하고 있어요. any 대신 much를 사용하면 '나는 ~가 많이 없다'라는 의미가 돼요.

On Your Own

Dear diary,

Words & Phrases

money left 남은 돈
regrets 후회
confidence 자신감
appetite 입맛
choices 선택의 여지
food preference 특별히 즐기는 음식
plans for the weekend 주말 계획

Q 066

Date.

What makes you feel uncomfortable?

무엇이 당신을 곤란하게 만드나요?

Useful Pattern

It's a little 형용사 약간 ~하다.

Two of my friends have the same name, so it's a little confusing.
내 친구 중 두 명이 이름이 같다. 그래서 약간 헷갈린다.

'It's a little 형용사'라는 패턴을 사용해서 심하지 않은 어떤 상태를 나타낼 수 있어요. a little 뒤에는 형용사를 사용할 수 있으며, a little 대신에 very, too 등의 다른 부사를 사용해서 더 심한 정도를 표현할 수 있어요. 또한 It's a bit을 사용해도 비슷한 의미를 나타낼 수 있어요.

On Your Own

Dear diary,

Words & Phrases

early 이른
tight 꽉 끼는
boring 지루한
noisy 시끄러운
tricky 까다로운
confusing 헷갈리는
embarrassing 부끄러운

Q 067

Date. . .

What do you think is good to do?

당신은 무엇을 하는 것이 좋다고 생각하나요?

Useful Pattern

It's good to ~ ~하는 건 좋다.

It's good to keep plants in the bedroom. They do boost my mood.
침실에 화분을 두는 건 좋다. 정말로 기분이 나아지게 해준다.

'It's good to ~'라는 패턴을 사용해서 좋고 바람직한 일을 표현할 수 있어요. 이때 to 뒤에는 동사원형을 사용하며, not을 good 앞에 넣으면 '~하는 건 좋지 않다'라는 부정의 의미가 돼요. It's nice to를 사용해도 비슷한 의미를 나타낼 수 있어요.

On Your Own

Dear diary,

Words & Phrases

have a dog 개를 키우다
have some hobbies 취미를 갖다
keep plants in the bedroom 침실에 화분을 두다
plan ahead 미리 계획을 세우다
make new friends 새 친구를 사귀다
get out of the city 도시를 벗어나다

What do you have to do tomorrow?

내일 무엇을 해야 하나요?

Useful Pattern

I've got to ~ ~해야 한다.

My car sounds funny. I've got to take my car to a repair shop tomorrow.
내 차에서 이상한 소리가 난다. 내일 차를 정비소에 가져가야 한다.

'I've got to ~'라는 패턴을 사용해서 해야 할 일을 나타낼 수 있어요. 이때 I've는 I have의 줄임말이며, got to도 줄여서 I've gotta 혹은 I gotta라고 표현할 수 있어요. 또한 I have to로도 비슷한 의미를 나타낼 수 있어요.

On Your Own

Dear diary,

Words & Phrases

work late 늦게까지 일하다
meet a client 고객을 만나다
do the laundry 빨래를 하다
get some sleep 잠을 좀 자다
register for classes 수강신청을 하다
go to London on business
업무차 런던에 가다

Q 069 Date. . .

What did you do today?

오늘 무엇을 했나요?

Useful Pattern

I spent the day 동사원형 + -ing 나는 ~ 하며 하루를 보냈다.

I spent the day helping my friend move in. She had so many things to get rid of!
나는 친구가 이사하는 걸 도와주면서 하루를 보냈다. 버려야 할 물건이 너무 많았다!

'I spent the day 동사원형 + -ing'는 무엇을 하며 하루를 보냈는지를 말할 때 사용할 수 있는 표현이에요. 이때 spent는 '(시간·노력을) 들이다, (돈을) 쓰다'라는 의미의 동사 spend의 과거형이며, the day 뒤에는 동사원형에 -ing를 붙인 형태를 사용해요. 또한 the day 대신 the weekend(주말), too much time(너무 많은 시간) 등 다양한 시간 표현을 사용할 수 있어요.

On Your Own

Dear diary,

Words & Phrases

work out 운동하다
do nothing 아무것도 안 하다
surf the web 인터넷 검색을 하다
cook 요리하다
swim and sunbathe 수영하고 일광욕하다
lie on the couch 소파에 눕다
help my friend move in 친구가 이사하는 걸 돕다

Q 070

Date. . .

What do you think is important to do?

당신은 무엇을 하는 것이 중요하다고 생각하나요?

Useful Pattern

It's important to ~ ~하는 게 중요하다.

It's important to plan ahead before a trip. I think I should check the weather first.
여행 전에 미리 계획을 세우는 것은 중요하다. 우선 날씨부터 확인해봐야 할 것 같다.

'It's important to ~'의 패턴을 이용하여 중요하다고 생각하는 일을 표현할 수 있어요. It's important 뒤에는 'to + 동사원형' 혹은 'that + 주어 + 동사'의 형태를 사용할 수 있어요. 이때 It은 '그것'이라고 해석하지 않는다는 점에 유의하세요.

On Your Own

Dear diary,

Words & Phrases

be on time 시간을 지키다
sit straight 똑바로 앉다
keep calm 침착함을 유지하다
plan ahead 미리 계획을 세우다
eat healthy 건강에 좋은 음식을 먹다
get enough sleep 충분히 자다
work out regularly 규칙적으로 운동하다

Q 071 Date. . .

What do you think is hard to believe?

당신은 무엇이 믿기 힘들다고 생각하나요?

Useful Pattern

It can't be ~ ~일 리가 없다.

I bumped into the same guy three times in a day. It can't be a coincidence.
똑같은 사람과 하루에 세 번이나 마주쳤다. 우연의 일치일 리가 없다.

'It can't be ~'는 그럴 리가 없다는 강한 부정의 추측을 표현할 때 사용하는 패턴이에요. 원래 can't는 '~할 수 없다'는 의미로 많이 사용되지만, 여기서는 추측의 의미로 사용됐어요. 'I can't believe it's ~'라는 표현도 비슷한 의미를 나타낼 수 있어요.

On Your Own

Dear diary,

Words & Phrases

true 사실인
that hard 그렇게 어려운
possible 가능한
wrong 틀린
that simple 그렇게 간단한
a lie 거짓말
a coincidence 우연의 일치

Do you have any phobias?

당신은 어떤 공포증이 있나요?

Useful Pattern

I'm afraid of ~ 나는 ~이 두렵다.

I'm afraid of the dark. That's why I sleep with the lights on.
나는 어둠이 두렵다. 그래서 불을 켜놓은 채 잠을 잔다.

'I'm afraid of ~'라는 패턴을 사용해서 나의 두려움을 나타낼 수 있어요. of 뒤에는 명사, '동사원형 + -ing' 혹은 'that + 주어 + 동사'를 사용할 수 있어요. afraid 대신 scared나 fearful이라는 단어로 바꿔 쓸 수 있어요.

On Your Own

Dear diary,

Words & Phrases

bugs 벌레
death 죽음
the dark 어둠
heights 높은 곳
strangers 낯선 사람들
wild animals 야생 동물
thunderstorms 천둥 번개

Q 073 Date. . .

What are you anxious about these days?

요즘 무엇이 염려되나요?

Useful Pattern

I am anxious about ~ 나는 ~이 걱정이다.

I am anxious about my sister's health. She seemed a bit sick yesterday.
나는 내 여동생의 건강이 걱정이다. 어제 동생이 조금 아파 보였다.

'I am anxious about ~'은 걱정거리에 대해 말할 때 사용하는 표현이에요. 여기서 anxious는 '걱정하는'이라는 의미이며, worried, concerned, uneasy 등의 단어로도 비슷한 의미를 나타낼 수 있어요. 문맥에 따라 anxious는 '간절히 바라는'이라는 의미로도 해석될 수 있음에 유의하세요.

On Your Own

Dear diary,

Words & Phrases

environmental issues 환경 문제
my school work 학교 공부
my reputation 평판
my safety 안전
my grades 성적
my reduced wages 삭감된 봉급
my sister's health 여동생의 건강

Q 074

Date. . .

What type of clothes do you enjoy wearing?

당신은 어떤 종류의 옷을 즐겨 입나요?

Useful Pattern

I enjoy wearing ~ 나는 ~를 즐겨 입는다.

I enjoy wearing casual clothes. A white T-shirt and blue jeans are my favorite.
나는 캐주얼한 복장을 즐겨 입는다. 흰색 티셔츠에 청바지를 가장 좋아한다.

'I enjoy wearing ~'은 즐겨 입는 옷차림에 대해 말할 때 사용하는 표현이에요. 이때 enjoy는 '즐기다'라는 의미로 뒤에 '동사원형 + -ing'의 형태가 올 수 있어요. 또한 I like to wear라고 표현해도 비슷한 의미를 나타낼 수 있어요.

On Your Own

Dear diary,

Words & Phrases

a business suit 정장
jeans 청바지
shorts 반바지
casual clothes 캐주얼한 옷
comfortable clothes 편안한 옷
a long skirt 긴 치마
a sweatsuit 운동복

Q 075 Date. . .

What do you think was worth doing?

할 가치가 있었다고 생각하는 일은 뭔가요?

Useful Pattern

It was worth ~ ~할 가치가 있었다.

I had to wait in line at the new restaurant. But it was worth the wait.
새로 문을 연 레스토랑에서 줄을 서 기다려야 했다. 하지만 기다릴 가치가 있었다.

'It was worth ~'는 해볼 만한 가치가 있음을 나타낼 때 사용하는 표현이에요. 이때 worth 뒤에는 명사 혹은 '동사원형 + -ing'가 올 수 있어요. 또한 It's not worth it이라고 하면, '그럴 만한 가치가 없다'라는 '부정'의 의미를 나타낼 수 있어요.

On Your Own

Dear diary,

Words & Phrases

the price 가격
a visit 방문
a try 시도
the trouble 수고
the wait 기다림
the extra money 추가적인 비용
the fight 싸움

Q 076 Date. . .

Where is your hometown?

당신의 고향은 어디인가요?

Useful Pattern

I'm from ~ 나는 ~출신이다.

I'm from Jeju Island, the largest island in Korea. I fly back home every break.
나는 한국에서 가장 큰 섬인 제주도 출신이다. 나는 방학 때 비행기를 타고 집에 간다.

'I'm from ~'은 자신의 고향에 대해 말할 때 사용할 수 있는 표현이에요. 이때 from 뒤에는 지명과 함께 그 장소에 대한 추가적인 설명을 명사구로 덧붙일 수 있어요. 또한 My hometown is로 바꿔 표현해도 비슷한 의미를 나타낼 수 있어요.

On Your Own

Dear diary,

Words & Phrases

Jeju Island, the largest island in Korea 한국에서 가장 큰 섬인 제주도
Incheon, a beautiful port city 아름다운 항구 도시인 인천
Gyeongju, a historical city 역사적인 도시인 경주
Seoul, the capital of Korea 한국의 수도인 서울

Q 077 Date. . .

How do you study?

당신은 어떻게 공부를 하나요?

Useful Pattern

I study by ~ 나는 ~하면서 공부를 한다.

I study by reading something over and over again. I have a hard time remembering by reading it once.
나는 반복해서 읽으면서 공부를 한다. 나는 한 번 읽고 기억하는 게 어렵다.

'I study by ~'는 공부하는 방법에 대해 말할 때 사용할 수 있는 표현이에요. 전치사 by는 방법을 나타내는 전치사로 뒤에는 '동사원형 + -ing'가 올 수 있으며, 'When I study, I + 동사'로 바꿔 표현해도 비슷한 의미를 나타낼 수 있어요.

On Your Own

Dear diary,

Words & Phrases

take notes 필기를 하다
memorize 암기하다
list things 목록을 작성하다
teach others 다른 사람을 가르치다
create a mind map 마인드맵을 만들다
cram 벼락치기를 하다
read (something) over and over again 반복해서 읽다

Q 078

Date. . .

What could change your plans?

계획이 바뀌는 이유는 뭔가요?

Useful Pattern

It depends on ~ 그건 ~에 달려 있다(~에 따라 다르다).

I'm thinking of going to the beach tomorrow. But it all depends on the weather.
내일 해변에 갈까 생각 중이다. 하지만 그건 모두 날씨에 달려 있다.

'It depends on ~'은 어떤 일의 결과가 다른 요소에 따라 달라질 때 사용할 수 있는 표현이에요. 이때 on 뒤에는 명사를 사용하거나 'whether + 주어 + 동사'의 형태가 올 수도 있어요. 또한 on 이하를 생략하고 It depends라고 할 경우 '그때그때 다르다'라는 의미가 된다는 것도 기억해요.

On Your Own

Dear diary,

Words & Phrases

the price 가격
the weight 무게
the weather 날씨
my mood 나의 기분
his decision 그의 결정
the test results 검사 결과
traffic conditions 교통 상황

Q 079

Date. . .

Write one thing that you've stopped doing in your life.

이제 더는 하지 않는 일 한 가지를 쓰세요.

Useful Pattern

I've stopped ~ 나는 ~하는 것을 그만뒀다.

I've stopped using social media. This gives me more time to read good books.
나는 소셜미디어를 사용하는 것을 그만뒀다. 그 덕분에 좋은 책을 읽을 시간을 더 갖게 됐다.

'I've stopped ~'는 어떤 행동을 멈추게 되었는지에 대해 말할 때 사용하는 표현이에요. 이때 I've stopped는 I have stopped를 줄인 표현으로, 과거의 특정 시점부터 시작해서 지금까지 계속하지 않고 있다는 의미를 내포하고 있어요. 또한 stopped 뒤에는 '동사원형 + -ing'를 넣어서 문장을 완성할 수 있어요.

On Your Own

Dear diary,

Words & Phrases

eat sweets 단것을 먹다
watch the news 뉴스를 보다
drink soda 탄산음료를 마시다
act on impulse 충동적으로 행동하다
use social media 소셜미디어를 사용하다
text while driving
운전 중에 문자메시지를 보내다

Q 080

Date. . .

Who do you feel sorry for?

당신은 누구를 안쓰럽게 생각하나요?

Useful Pattern

I feel sorry for ~ 나는 ~가 안쓰럽다.

I feel sorry for stray cats. They wander around the streets in this cold.
나는 길고양이들이 안쓰럽다. 그들은 이 추위 속에 거리를 떠돈다.

'I feel sorry for ~'라는 패턴을 사용해서 안쓰러움과 동정심 등을 나타낼 수 있어요. 이때 for 뒤에는 동정심을 느끼는 대상을 명사로 표시하거나, 미안한 감정의 원인을 '동사원형 + -ing'의 형태로 나타낼 수도 있어요.

On Your Own

Dear diary,

Words & Phrases

myself 나 자신
young patients 어린 환자들
kids these days 요즘 아이들
the homeless 노숙자들
the flood victims 홍수 피해자들
stray cats 길고양이들
his whole family 그의 온 가족

Q 081 Date. . .

What makes you feel bad?

무엇이 당신을 마음 불편하게 만드나요?

Useful Pattern

I feel bad about ~ ~ 해서 마음이 안 좋다.

I was sick in bed last weekend. I feel bad about missing his wedding.
지난 주말 몸져누워 있었다. 그의 결혼식에 못 가서 마음이 안 좋다.

'I feel bad about ~'이라는 패턴을 사용해서 후회, 미안함, 가엾음, 양심의 가책 등을 나타낼 수 있어요. 이때 about 뒤에는 명사나 '동사원형 + -ing'의 형태를 사용할 수 있어요. 또한 I feel sorry for나 I regret 등의 표현을 사용해서 비슷한 의미를 나타낼 수 있어요.

On Your Own

Dear diary,

Words & Phrases

lie to her 그녀에게 거짓말하다
yell at him 그에게 소리 지르다
let her down 그녀를 실망시키다
miss his wedding 그의 결혼식에 못 가다
hurt his feelings 그의 감정을 상하게 하다
not being able to come to the party
파티에 가지 못하다

Q 082

Date. . .

Is there anything you wish you could do?

할 수 있으면 좋겠다고 바라는 일이 있나요?

Useful Pattern

If only I could ~ ~할 수만 있다면 좋을 텐데.

I made such a big mistake today. If only I could turn back time.
오늘 너무 큰 실수를 저질렀다. 시간을 되돌릴 수만 있다면 좋을 텐데.

'If only I could ~'는 실제로는 할 수 없지만 할 수 있으면 하고 바라는 일을 표현할 때 사용할 수 있어요. 이때 If only I could 뒤에는 동사원형을 사용하며, If only 대신 I wish로 바꿔 표현할 수도 있어요. 단 If only가 더 간절한 소망을 나타내요.

On Your Own

Dear diary,

Words & Phrases

read her mind 그녀의 마음을 읽다
speak English fluently 영어를 유창하게 하다
turn back time 시간을 되돌리다
make a fresh start 새로 시작하다
live in a beach house 해변에 있는 집에서 살다

Q 083 Date. . .

What are you into these days?

요즘 무엇에 빠져 있나요?

Useful Pattern

I'm into ~ these days 나는 요즘 ~하는 일에 빠져 있다.

I'm into brewing coffee at home these days. I even bought a new coffee maker.
나는 요즘 집에서 커피 내리는 일에 빠져 있다. 심지어 새 커피 메이커도 샀다.

'I'm into ~ these days'라는 패턴을 사용해서 요즘 나의 관심사를 나타낼 수 있어요. into 뒤에는 명사 혹은 동사에 -ing를 붙여서 사용할 수 있어요. these days는 '요즘'이라는 의미로 lately로 바꿔 쓸 수 있어요.

On Your Own

Dear diary,

Words & Phrases

take care of my skin 피부를 가꾸다
brew coffee 커피를 내리다
grow plants 식물을 기르다
bake muffins 머핀을 굽다
edit my travel videos
여행 영상을 편집하다
watch old movies 옛날 영화를 보다
decorate my house 집을 꾸미다

Q 084

Date. . .

What is driving you crazy?

무엇이 당신을 화나게 하나요?

Useful Pattern

~ is driving me crazy ~ 때문에 미치겠다.

Mosquitoes are driving me crazy. I have mosquito bites all over my arm.
모기 때문에 미치겠다. 팔이 온통 모기에 물렸다.

'~ is driving me crazy'는 화나게 하는 원인을 표현할 때 사용할 수 있는 패턴이에요. 이때 is driving me crazy 앞에는 명사 혹은 '동사원형 + -ing'를 사용할 수 있으며, 명사가 복수일 경우에는 is 대신 are를 사용해요. 또한 '~ is driving me nuts'를 사용해도 비슷한 의미를 나타낼 수 있어요.

On Your Own

Dear diary,

Words & Phrases

this itch 이 가려움
mosquitoes 모기
spam texts 스팸 문자
the nasty smell 악취
her complaining 그녀의 불평
my dog's barking 개가 짖는 소리
the noise from the construction 공사장에서 나는 소음

Q 085 Date. . .

Where do you want to visit?

어디에 방문하고 싶나요?

Useful Pattern

I want to pay a visit to ~ ~에 방문하고 싶다.

I want to pay a visit to the museum. I haven't been there for a long time.
나는 박물관에 가고 싶다. 오랫동안 가지 못했다.

'I want to pay a visit to ~'라는 패턴을 사용해서 장소를 방문하고 싶다고 표현할 수 있어요. 'pay a visit' 대신 그냥 'visit'을 사용해도 비슷한 의미를 나타낼 수 있어요. 이때 to 뒤에는 장소나 사람을 쓰며 'pay 사람 a visit'으로 쓸 수도 있어요.

On Your Own

Dear diary,

Words & Phrases

home 집
work 직장
school 학교
the market 시장
the airport 공항
the hospital 병원
the library 도서관

Date. . .

What are you fed up with?

당신은 무엇이 지긋지긋한가요?

Useful Pattern

I'm sick and tired of ~ 나는 ~가 지긋지긋하다.

One of my colleagues is almost always late to work. I'm sick and tired of all his excuses.
내 동료 중 한 명은 거의 항상 직장에 지각한다. 난 그의 온갖 변명들이 지긋지긋하다.

'I'm sick and tired of ~'는 오랫동안 억지로 참아서 지긋지긋해진 일을 표현할 때 사용할 수 있는 패턴이에요. 이때 of 뒤에는 명사 혹은 '동사원형 + -ing'를 사용할 수 있어요. 또한 I'm fed up with를 사용해서도 비슷한 의미를 나타낼 수 있어요.

On Your Own

Dear diary,

Words & Phrases

her lies 그녀의 거짓말
his grumbling 그의 투덜거림
this wet weather 이런 습한 날씨
all the criticism 갖은 비난
pointless meetings 무의미한 회의들
all his excuses 그의 온갖 변명들
my daily routine 틀에 박힌 일상

Q 087 Date. . .

Is there anything you tried, but it didn't help?

애써봤지만 소용없었던 일이 있나요?

Useful Pattern

It's no use 동사원형 + -ing ~해도 소용없다.

It's no use kicking myself for what happened. I'll make a fresh start.
이미 일어난 일에 대해 자책해도 소용없다. 나는 새 출발을 할 것이다.

'It's no use 동사원형 + -ing'라는 패턴을 사용해서 시도해도 소용없는 일에 대해 말할 수 있어요. no use 뒤에는 '동사원형 + -ing'가 올 수 있으며, 이때 no use는 useless의 의미예요. 또한 There's no use로도 비슷한 의미를 나타낼 수 있어요.

On Your Own

Dear diary,

Words & Phrases

cry 울다
complain 불평하다
kick myself 자책하다
blame others 남을 탓하다
deny the fact 사실을 부인하다
worry about it 그것에 대해 걱정하다
talk about that now 그 일에 대해 지금 이야기하다

Q 088 Date. . .

Did something unexpected happen to you recently?

최근 예상하지 못한 일이 있었나요?

Useful Pattern

I never expected to ~ ~할 줄 몰랐다.

His first impression wasn't so great. So I never expected to fall for him.
그의 첫인상은 그다지 좋지 못했다. 그래서 내가 그에게 홀딱 반할 줄은 몰랐다.

'I never expected to ~'는 예상치 못했던 뜻밖의 일을 나타낼 때 사용하는 표현이에요. 이때 to 다음에는 동사원형을 사용하며, I never expected 뒤에 명사를 바로 사용할 수도 있어요. 또한 'to + 동사원형' 앞에 다른 사람을 집어넣어 '…가 ~할 줄 몰랐어'라는 의미를 나타낼 수도 있어요.

On Your Own

Dear diary,

Words & Phrases

see him again 그를 다시 만나다
fall for him 그에게 홀딱 반하다
win the award 상을 받다
break up with him 그와 헤어지다
hear from her 그녀에게서 소식을 듣다
have so much fun 재미있게 놀다
make it to the finals 결승전에 진출하다

Q 089 Date. . .

Is there anything you cannot help doing?

당신이 할 수밖에 없는 일은 무엇인가요?

Useful Pattern

I cannot help but ~ ~하지 않을 수 없다.

I had a bad headache today. I couldn't help but cancel the appointment.
오늘 두통이 너무 심했다. 약속을 취소하지 않을 수 없었다.

'I cannot help but ~'는 하지 않을 수 없는 일에 대해 말할 때 사용하는 표현이에요. I cannot help 뒤에는 'but + 동사원형'이나 '동사원형 + -ing'의 형태를 사용할 수 있어요. 또한 I have no choice but to라는 표현을 사용해도 비슷한 의미를 나타낼 수 있어요.

On Your Own

Dear diary,

Words & Phrases

doze 졸다
overhear 엿듣다
think of her 그녀를 생각하다
give up on the plan 계획을 포기하다
cancel the appointment 약속을 취소하다
fall in love with him 그와 사랑에 빠지다
feel sorry for him 그가 안됐다는 생각이 들다

Q 090

Date. . .

What part of your body hurts?

신체의 어떤 부위가 아픈가요?

Useful Pattern

My 신체 부위 is/are killing me ~가 아파 죽겠다.

My new shoes are too tight. My feet are killing me in these shoes.
새로 산 신발이 작다. 이 신발을 신고 있자니 발이 아파 죽겠다.

'my 신체 부위 is/are killing me'의 패턴을 이용하여 통증이 심한 신체 부위를 표현할 때 사용할 수 있어요. 이때 '신체 부위'에 해당하는 명사가 단수이면 is를, 복수이면 are를 사용해요. 또한 'My 신체 부위 hurts so bad'라는 표현을 통해서도 비슷한 의미를 나타낼 수 있어요.

On Your Own

Dear diary,

Words & Phrases

wrist 손목
throat 목
knees 무릎
shoulder 어깨
stomach 위, 배
lower back 허리
feet 발 (foot의 복수형)

Q 091

Date. . .

What would be the perfect gift for you?

당신이 받고 싶은 선물은 무엇인가요?

Useful Pattern

I would like to receive ~ ~를 받고 싶다.

My birthday is coming soon, and I would like to receive a necklace. It would be a perfect gift.
내 생일이 다가오고 있는데, 목걸이를 받고 싶다. 완벽한 선물이 될 것이다.

'I would like to receive ~'는 무언가를 받고 싶다는 뜻을 전할 때 사용할 수 있는 패턴이에요. 이때 receive 뒤에는 명사 혹은 명사구가 올 수 있어요. I would like는 I'd like로 줄여 쓸 수 있으며, receive 대신 get을 사용해도 비슷한 뜻을 표현할 수 있어요.

On Your Own

Dear diary,

Words & Phrases

a car 자동차
candles 양초
a letter 편지
food 음식
affection 애정
a house by sea 바닷가의 집
something handmade 직접 만든 무언가

Q 092

Date. . .

What did you think of today?

오늘 어떤 생각을 했나요?

Useful Pattern

I thought it was ~ 나는 ~라고 생각했다.

I heard that I got promoted. I thought it was a joke at first.
내가 승진했다는 이야기를 들었다. 나는 처음에는 농담이라고 생각했다.

'I thought it was ~'의 패턴을 이용하여 과거에 했던 생각을 표현할 수 있어요. I thought that it was에서 that이 생략된 형태로, it was 뒤에 명사나 형용사가 올 수 있어요. thought 대신 guessed라는 동사를 사용해도 비슷한 의미를 나타낼 수 있어요.

On Your Own

Dear diary,

Words & Phrases

a joke 농담
a sign 계시
my turn 내 차례
a problem 문제
a mistake 실수
a stupid idea 어리석은 생각
a little weird 약간 이상한

Q 093 Date.   .   .

What is the thing you never thought you would do?

당신이 할 거라고 전혀 생각하지 못했던 일은 무엇인가요?

Useful Pattern

I never thought I'd ~ 내가 ~할 줄은 정말 몰랐다.

I thought I would remain single all my life. I never thought I'd get married this young.
나는 내가 평생 독신으로 지낼 거라 생각했다. 나는 내가 이렇게 일찍 결혼할 줄은 정말 몰랐다.

'I never thought I'd ~'의 패턴을 이용하여 자신에 대해 예상하지 못했던 일을 표현할 때 사용할 수 있어요. 이때 I'd는 I would의 줄임말이며, I'd 뒤에는 동사원형을 사용해요. 또한 I never expected I'd 혹은 I never dreamed I'd 등의 표현을 통해서도 비슷한 의미를 나타낼 수 있어요.

On Your Own

Dear diary,

Words & Phrases

get caught 들키다
become a writer 작가가 되다
be on television TV에 나오다
miss this place 이곳을 그리워하다
fall in love again 다시 사랑에 빠지다
go bungee jumping 번지 점프 하러 가다
get married this young 이렇게 일찍 결혼하다

Q 094

Date. . .

What do you think it wouldn't hurt to do?

해도 나쁠 건 없다고 생각하는 일이 있나요?

Useful Pattern

It doesn't hurt to ~ ~해서 나쁠 건 없다.

I always try to be kind even when I'm in a bad mood. It doesn't hurt to be nice to others.
나는 기분이 안 좋을 때도 항상 친절하려고 노력한다. 다른 사람들에게 친절해서 나쁠 건 없으니까.

'It doesn't hurt to ~'라는 패턴을 사용해서 상대방에게 권유하는 내용을 전할 수 있어요. 원래 hurt는 '아프다'라는 의미이며, 여기서는 '피해를 주다'라는 의미로 이해할 수 있어요. 이때 to 뒤에는 동사원형을 사용하고, It's okay to로 바꿔 표현해도 비슷한 의미가 돼요.

On Your Own

Dear diary,

Words & Phrases

ask 질문하다
try 시도하다
be cautious 조심하다
double-check 재확인하다
arrive early 미리 도착하다
remind people 사람들에게 다시 알려주다
be nice to others 다른 사람들에게 친절하다

Q 095

Date. . .

What can you swear to do?

당신은 무엇을 하기로 맹세할 수 있나요?

Useful Pattern

I swear I'll ~ ~하겠다고 맹세한다.

I realized that nagging was ruining our relationship. I swear I'll stop nagging.
나는 잔소리가 우리 관계를 망치고 있다는 것을 깨달았다. 잔소리를 하지 않겠다고 맹세한다.

'I swear I'll ~'이라는 패턴을 사용해서 강한 약속을 나타낼 수 있어요. 이때 I swear 뒤에는 '(that) 주어 + 동사' 혹은 'to + 동사원형'의 형태가 올 수 있어요. 또한 I promise I'll이라는 표현으로도 비슷한 의미를 나타낼 수 있지만, swear가 더 강한 의미가 있어요.

On Your Own

Dear diary,

Words & Phrases

quit drinking 금주하다
skip classes 수업을 빼먹다
make it up to him 그에게 신세를 갚다
never leave her 그녀를 결코 떠나지 않다
stop nagging 잔소리를 그만하다
never cheat on my wife 아내를 두고 바람을 피우지 않는다
keep it a secret 비밀을 지키다

Q 096

Date. . .

In what ways do you feel different from before?

어떤 점에서 예전과 달라졌다고 느끼나요?

Useful Pattern

I'm no longer ~ 나는 더 이상 ~하지 않다.

Sadly, I'm no longer young and healthy. I ache all over.
슬프게도 나는 더 이상 젊고 건강하지 않다. 온몸이 쑤신다.

'I'm no longer ~'라는 패턴을 사용해서 과거와는 다른 현재의 상태를 나타낼 수 있어요. 'I'm no longer + 형용사/명사' 혹은 'I no longer + 동사'의 형태를 사용할 수 있어요. 또한 I'm not ~ any longer로 표현해도 같은 의미를 나타낼 수 있어요.

On Your Own

Dear diary,

Words & Phrases

upset 속상한
a little child 어린아이
with NBC NBC에서 일하는
young and healthy 젊고 건강한
afraid of death 죽음을 두려워하는
under her control 그녀의 통제하에 있는
interested in his opinions 그의 의견에 관심이 있는

Q 097 Date. . .

What kept you so busy?

무엇 때문에 그렇게 바빴나요?

Useful Pattern

I was in the middle of ~ 한창 ~하는 중이었다.

I was in the middle of a staff meeting. That's why I missed a call from my ex-boyfriend.
나는 한창 직원회의 중이었다. 그래서 전 남자친구에게서 온 전화를 받지 못했다.

'I was in the middle of ~'는 한창 진행 중이었던 일에 대해 말할 때 사용할 수 있는 표현이에요. 이때 of 뒤에는 명사나 '동사원형 + -ing'을 사용할 수 있어요. 또한 I was 동사원형 + -ing(~하는 중이었다)를 사용해도 비슷한 의미를 나타낼 수 있어요.

On Your Own

Dear diary,

Words & Phrases

dinner 저녁 식사
a workout 운동
a date 데이트
a massage 마사지
a lecture 강의
a staff meeting 직원회의
something 어떤 것

Q 098

Date. . .

Is there anything you just realized?

방금 깨닫게 된 것이 있나요?

Useful Pattern

It just occurred to me that ~ ~라는 사실이 문득 생각났다.

It just occurred to me that I left the lights on. I've become more and more forgetful.
불을 켜뒀다는 사실이 문득 생각났다. 건망증이 점점 심해지고 있다.

'It just occurred to me that ~'이라는 패턴을 사용해서 갑자기 생각난 일에 대해 말할 수 있으며, that 뒤에는 '주어 + 동사'를 사용해요. 원래 occur는 '(사건이) 일어나다'라는 의미로 많이 쓰이지만, 여기서는 '(생각이) 떠오르다'라는 의미로 사용됐어요.

On Your Own

Dear diary,

Words & Phrases

I left the lights on 불을 켜두었다
I didn't lock the door 문을 잠그지 않았다
I had an appointment 약속이 있었다
I left my umbrella in my office 사무실에 우산을 두고 왔다
our anniversary is a week away 우리 기념일이 일주일 남았다

Q 099 Date. . .

What did you ask someone to do?

누군가에게 해달라고 부탁한 일이 있나요?

Useful Pattern

I asked him to ~ 나는 그에게 ~해달라고 부탁했다.

My neighbor is very kind. I asked him to take care of my dog during my business trip.
내 이웃은 아주 친절하다. 나는 출장 가는 동안 그에게 내 반려견을 돌봐달라고 부탁했다.

'I asked him to ~'의 패턴을 이용하여 상대방에게 부탁한 일을 표현할 수 있어요. 이때 I asked 뒤에는 '부탁한 상대'가 누구인지 표시하고, to 뒤에는 동사원형을 사용해요. 또한 '~하지 말아달라고 부탁하다'라는 부정의 의미를 더하기 위해서는 to 앞에 not을 넣으면 돼요.

On Your Own

Dear diary,

Words & Phrases

help out 돕다
keep quiet 조용히 하다
wait outside 밖에서 기다리다
lie for me 나를 위해 거짓말을 하다
keep my secret 내 비밀을 지키다
take care of my dog 내 개를 돌보다
send me some money 나에게 돈을 좀 보내다

Q 100

Date. . .

What do you think you should do?

당신은 무엇을 해야 한다고 생각하나요?

Useful Pattern

Maybe I should ~ ~해야 할 것 같다.

I've gained some weight. Maybe I should cut down on snacks.
살이 좀 쪘다. 간식을 줄여야 할 것 같다.

'Maybe I should ~'는 하는 편이 더 나은 일에 대해 말할 때 사용하는 표현이에요. 이때 should 뒤에는 동사원형이 오며, Maybe 대신 I think를 사용할 수도 있어요. 또한 Maybe you should를 사용하면, 상대방에게 완곡한 충고를 전할 수 있어요.

On Your Own

Dear diary,

Words & Phrases

see a doctor 병원에 가보다
get legal advice 법률 자문을 받다
cut down on snacks 간식을 줄이다
send him a card 그에게 카드를 보내다
ask him out 그에게 데이트 신청을 하다
have a talk with her 그녀와 이야기를 나누다
get a part-time job 아르바이트를 하다

Q 101 Date. . .

What are you a big fan of?

당신은 무엇을 좋아하나요?

Useful Pattern

I'm a big fan of ~ 나는 ~를 정말 좋아한다.

I'm a big fan of the *Harry Potter* series. I have read all the books and have seen all the movies.
나는 해리 포터 시리즈를 정말 좋아한다. 해리 포터의 모든 책을 읽었고, 모든 영화를 봤다.

'I'm a big fan of ~'라는 패턴을 사용해서 좋아하는 대상을 표현할 수 있어요. 이때 a big fan은 '열렬한 팬'이라는 의미이므로 '~을 정말 좋아한다'라고 의역할 수 있으며, of 뒤에는 명사가 올 수 있어요. 또한 I'm into나 I really like라고 표현해도 비슷한 의미를 나타낼 수 있어요.

On Your Own

Dear diary,

Words & Phrases

football 미식축구
his work 그의 작품
heavy metal 헤비메탈
comic books 만화책
spicy food 매운 음식
the show 그 프로그램
the Harry Potter series 해리포터 시리즈

Q 102

Date. . .

What are fun things to do?

하기에 재미있는 일은 무엇인가요?

Useful Pattern

It's always fun to ~ ~하는 것은 항상 재미있다.

It's always fun to hang out with my friends. I can have a nice chat with them over a coffee.
친구들과 시간을 보내는 건 항상 재미있다. 커피 한잔하면서 친구들과 수다도 떨 수 있다.

'It's always fun to ~'라는 패턴을 사용해서 재미있는 활동을 표현할 수 있어요. 이때 to 뒤에 동사원형을 사용하며, it's no fun to를 사용하면 '전혀 달갑지 않은 일'에 대한 정보를 나타낼 수 있어요.

On Your Own

Dear diary,

Words & Phrases

go camping 캠핑 가다
talk to him 그와 대화하다
play in the water 물속에서 놀다
meet new people 새로운 사람들을 만나다
try something new 새로운 것을 시도하다
learn a foreign language 외국어를 배우다
hang out with my friends 친구들과 시간을 보내다

Q 103

Date. . .

Is there anything you need to check?

당신이 확인해봐야 할 일이 있나요?

Useful Pattern

I'll see if ~ ~인지 한번 알아볼 것이다.

I need to get treatment for my cavities. I'll see if I can make time for that this week.
충치 치료를 해야 한다. 이번 주에 시간을 낼 수 있는지 한번 알아볼 것이다.

'I'll see if ~'는 가능 여부에 대해 확인이 필요할 때 사용할 수 있는 표현이에요. 이때 see는 '보다'가 아니라 '알다'라는 의미이며, if는 '만약 ~라면'의 의미가 아니라 '~인지'의 의미로 쓰여요. 또한 if 뒤에는 '주어 + 동사'의 형태가 올 수 있어요.

On Your Own

Dear diary,

Words & Phrases

I can find it 그것을 찾을 수 있다
there's a short cut 지름길이 있다
I can fix it 그것을 고칠 수 있다
he's available 그가 시간이 되다
I can reach her 그녀에게 연락이 되다
I can make time for that 그것을 위해 시간을 내다
I can make a reservation 예약을 하다

Q 104 Date. . .

What have you already finished?

당신이 이미 끝낸 일은 무엇인가요?

Useful Pattern

I've already p. p. 나는 이미 ~했다.

I've already made plans for Christmas. I'll throw a big party.
나는 이미 크리스마스 계획을 다 세웠다. 성대한 파티를 열 것이다.

'I've already p. p.'는 이미 완료된 일을 나타낼 때 사용하는 표현이에요. 이때 I've는 I have를 줄인 말이며, already 뒤에는 과거분사를 사용해요. 또한 아직 하지 않은 일에 대해 이야기할 때는 I haven't ~ yet이라는 표현을 사용할 수 있어요.

On Your Own

Dear diary,

Words & Phrases

pay for it 돈을 내다
have lunch 점심을 먹다
see the movie 그 영화를 보다
apologize to him 그에게 사과하다
forget everything 모든 것을 잊다
do all the paperwork 서류 작업을 다 하다

Q 105 *Date.*

What do you think you could never do?

당신이 절대 못 할 것 같은 일은 뭔가요?

Useful Pattern

I could never ~ 나라면 절대 ~못 할 것이다.

My friend quit her job and is now traveling around the world. I could never do such a thing.
내 친구가 직장을 그만두고 지금은 세계 여행 중이다. 나라면 절대 그런 일은 못 할 것이다.

'I could never ~'는 만약 나라면 할 수 없을 일 표현할 때 사용하는 패턴이에요. 이때 could는 '가능'의 의미뿐만 아니라, '가정'의 의미도 담고 있어요. I would never be able to 라는 표현으로도 비슷한 의미를 나타낼 수 있어요.

On Your Own

Dear diary,

Words & Phrases

work with him 그와 함께 일하다
forgive him 그를 용서하다
put it into words 말로 표현하다
do such a thing 그런 일을 하다
sing in public 사람들 앞에서 노래하다
date someone like that
그와 같은 사람과 데이트하다
give up my job for a boyfriend
남자친구 때문에 일을 포기하다

Q 106

Date. . .

How busy was your day?

얼마나 바쁜 하루를 보냈나요?

Useful Pattern

I didn't have time to ~ ~할 시간이 없었다.

I had three meetings in a row today. I didn't have time to sit down for a coffee.
오늘 연속해서 회의가 세 개나 있었다. 나는 앉아서 커피 마실 시간도 없었다.

'I didn't have time to ~'는 무엇을 할 시간이 없었는지를 말할 때 사용할 수 있는 표현이에요. 이때 I didn't have time 뒤에는 'to + 동사원형'이나 'for + 명사'를 사용할 수 있어요. 또한 I have time to라고 말하면 '나는 ~할 시간이 있다'라는 긍정의 의미이며, Do you have time to라고 말하면 '~할 시간이 있니?'라고 상대방에게 질문하는 표현이 돼요.

On Your Own

Dear diary,

Words & Phrases

shave 면도하다
eat out 외식하다
change clothes 옷을 갈아입다
check my email 이메일을 확인하다
grab a bite 간단히 먹다
sit down for a coffee 앉아서 커피 한잔하다
go see a doctor 병원에 가다

Q 107 Date. . .

What problem did you have today?

오늘 어떤 문제가 있었나요?

Useful Pattern

I've got a problem with ~ ~에 문제가 생겼다.

I've got a problem with my room. Water is dripping down from the ceiling.
내 방에 문제가 생겼다. 천장에서 물이 새고 있다.

'I've got a problem with ~'라는 패턴을 사용해서 어떤 문제가 생겼는지를 나타낼 수 있어요. with 뒤에는 명사를 사용하며, I have a problem with나 There's a problem with라는 표현을 사용해도 비슷한 의미를 나타낼 수 있어요.

On Your Own

Dear diary,

Words & Phrases

my room 내 방
my hearing 청력
my paycheck 내 급여
my schedule 내 일정
my left arm 왼쪽 팔
my credit card 신용카드
some of my employees 직원 중 몇 명

Q 108

Date.

What are you willing to do?

어떤 일을 기꺼이 할 수 있나요?

Useful Pattern

I'm willing to ~ 기꺼이 ~하겠다.

My project proposal deadline is coming up. I'm willing to stay up all night.
내 프로젝트 기획서 마감이 다가오고 있다. 나는 기꺼이 밤새울 것이다.

'I'm willing to ~'라는 패턴을 사용해서 미래에 기꺼이 할 의향이 있는 행동을 나타낼 수 있어요. Are you willing to ~?라는 의문문을 사용하면 상대방의 의향에 대해 물어볼 수도 있어요. 또한 'will + 동사원형'을 사용해서 비슷한 의미를 나타낼 수 있어요.

On Your Own

Dear diary,

Words & Phrases

stay up all night 밤새우다
give it a try 시도하다
take the risk 위험을 감수하다
change my diet 식단을 바꾸다
work on weekends 주말마다 일하다
buy him dinner 그에게 저녁을 사다
pay double the price 가격의 두 배를 지불하다

Q 109

Date. . .

What do you think is not worth doing?

당신은 어떤 일이 할 가치가 없다고 생각하나요?

Useful Pattern

What's the point of ~ ~해봐야 무슨 소용이야?

What's the point of tidying up the room? My kids will just make a mess the next minute.
방을 정리해봐야 무슨 소용이야? 아이들이 금방 어질러버리는걸.

'What's the point of ~'라는 패턴을 사용해서 해봐야 아무 소용없는 일에 대해 말할 수 있어요. 이때 point는 '뾰족한 끝'이나 '득점'의 의미가 아니라 '목적, 의미'라는 뜻으로 사용됐어요. 또한 There's no point of로도 비슷한 의미를 나타낼 수 있어요.

On Your Own

Dear diary,

Words & Phrases

dress up 옷을 차려입다
blame him 그를 탓하다
make excuses 변명을 하다
shout at him 그에게 소리치다
work so hard 그렇게 열심히 일하다
tidy up the room 방을 정리하다
report it to the police 경찰에 신고하다

Q 110 Date. . .

What can't you believe?

당신이 믿을 수 없는 것은 무엇인가요?

Useful Pattern

I can't believe ~ ~라는 걸 믿을 수 없다.

I can't believe it's already the end of the year. Time sure flies.
벌써 연말이라는 걸 믿을 수가 없다. 시간 정말 빠르네.

'I can't believe ~'는 믿을 수 없는 놀라운 일에 대해 나타낼 때 사용하는 표현이에요. 이 때 I can't believe 뒤에는 명사 혹은 '(that) 주어 + 동사'를 사용할 수 있어요. 또한 It's impossible to believe라는 표현으로도 비슷한 의미를 나타낼 수 있어요.

On Your Own

Dear diary,

Words & Phrases

everything is free 모든 것이 무료다
he got fired 그가 해고당했다
she dropped out of school 그녀가 학교를 그만뒀다
it's already the end of the year 벌써 연말이다
my vacation is coming to an end 휴가가 끝나간다

Q 111

Date. . .

Have you ever unintentionally upset someone?

의도치 않게 누군가를 속상하게 한 적 있나요?

Useful Pattern

I didn't mean to ~ ~하려던 건 아니었다.

I raised my voice at my colleague during the meeting, but I didn't mean to be rude.
나는 회의에서 동료에게 목소리를 높였다. 하지만 무례하게 굴려던 건 아니었다.

'I didn't mean to ~'는 의도치 않게 한 일을 나타내는 표현이에요. 사과의 표현과 함께 사용될 때가 많아요. 이때 to 뒤에는 동사원형을 사용하며, I didn't intend to나 I didn't ~ on purpose를 사용해도 비슷한 의미를 나타낼 수 있어요.

On Your Own

Dear diary,

Words & Phrases

hurt his feelings 그의 기분을 상하게 하다
tell a lie 거짓말하다
be late 지각하다
be rude 무례하게 굴다
get him in trouble 그를 난처하게 하다
stay out late 늦게 들어오다
interrupt his dinner 그의 저녁 식사를 방해하다

Q 112

Date.

What is your favorite place that you have been to?

당신이 가본 곳 중 가장 마음에 들었던 곳은 어디인가요?

Useful Pattern

I cannot forget ~ 나는 ~을 잊을 수 없다.

My favorite place that I have been to is San Francisco. I cannot forget walking across the Golden Gate Bridge.
내가 가본 곳 중 가장 마음에 들었던 장소는 샌프란시스코다. 나는 금문교를 건넜던 것을 잊을 수가 없다.

'I cannot forget ~'는 잊을 수 없는 추억에 대해 말할 때 사용할 수 있는 표현이에요. 이때 forget 뒤에 '동사원형 + -ing'를 사용할 경우 '~했던 것을 잊다'라는 의미이며, 만약 뒤에 'to + 동사원형'을 사용하면 '~할 것을 잊다'라는 의미로 변한다는 점에 주의해야 해요.

On Your Own

Dear diary,

Words & Phrases

walk across the Golden Gate Bridge 금문교를 건너다
have a picnic with my friends 친구들과 소풍을 가다
look at the Christmas decorations 크리스마스 장식을 보다
go whale watching 고래를 보러 가다

Q 113

Date. . .

What is your favorite fashion accessory?

당신이 가장 좋아하는 패션 액세서리는 무엇인가요?

Useful Pattern

I like to wear ~ 나는 ~를 착용하는 걸 좋아한다.

I like to wear earrings. They are small in size but have a large impact on the overall look.
나는 귀걸이를 착용하는 걸 좋아한다. 귀걸이는 크기는 작지만, 겉모습 전체에 큰 영향을 끼친다.

'I like to wear ~'는 즐겨 착용하는 복장이나 장신구에 대해 말할 때 사용할 수 있는 표현이에요. 이때 wear는 '입다'라는 의미 외에도 '쓰다, 차다, 착용하다'라는 의미를 갖고 있어요. I like to wear는 I enjoy wearing으로 바꿔 표현할 수도 있어요.

On Your Own

Dear diary,

Words & Phrases

a ring 반지
cuff links 커프스 단추
a necklace 목걸이
a hair pin 머리핀
a bracelet 팔찌
an anklet 발찌
earrings 귀걸이

Q 114

Date. . .

What new activity have you tried?

처음 시도해본 일은 무엇인가요?

Useful Pattern

It's my first time to ~ ~을 해보는 것은 처음이다.

It's my first time to travel overseas. I'm so excited about my trip to France.
해외여행을 가는 것은 처음이다. 프랑스로 떠나는 여행에 너무 설렌다.

'It's my first time to ~'는 처음으로 시도해보는 일을 나타낼 때 사용하는 표현이에요. 이때 It's my first time 뒤에는 'to + 동사원형'이나 '동사원형 + -ing'의 형태가 올 수 있어요. 또한 'I 과거동사 for the first time(나는 처음으로 ~했다)'이라고 표현해도 비슷한 의미를 나타낼 수 있어요.

On Your Own

Dear diary,

Words & Phrases

try Greek food 그리스 음식을 먹어보다
travel overseas 해외로 여행가다
get a scholarship 장학금을 받다
be asked out 데이트 신청을 받다
rent a car 자동차를 렌트하다
see a musical 뮤지컬을 보다
have a conversation with a foreigner 외국인과 대화하다

Q 115 Date. . .

What did you have a hard time with today?

오늘 뭐 때문에 힘들었나요?

Useful Pattern

I had a hard time 동사원형 + -ing ~하느라 힘들었다.

Today it rained a lot. I had a hard time driving in the heavy rain.
오늘 비가 많이 내렸다. 폭우 속에 운전하느라고 힘들었다.

'I had a hard time 동사원형 + -ing'라는 패턴을 사용해서 무엇을 하느라 고생했는지를 나타낼 수 있어요. a hard time 뒤에는 동사에 -ing를 붙여서 사용할 수 있어요. a hard time 대신 trouble, a difficult time 혹은 a problem으로 바꿔 쓸 수 있어요.

On Your Own

Dear diary,

Words & Phrases

take care of my baby sister 어린 동생을 돌보다
finish the project 프로젝트를 끝내다
fit into the new job 새 직장에 적응하다
fall asleep last night 지난밤 잠이 들다
drive in the heavy rain 폭우 속에 운전하다
make up my mind 결정하다

Q 116 Date. . .

Do you have your own rule for life?

당신만의 생활 철칙이 있나요?

Useful Pattern

I make it a rule to ~ 나는 ~하는 것을 규칙으로 삼고 있다.

I always get terribly sleepy after lunch. So I make it a rule to take a nap.
나는 항상 점심을 먹고 난 뒤에는 너무 졸리다. 그래서 낮잠을 자는 것을 규칙으로 삼고 있다.

'I make it a rule to ~'는 항상 규칙적으로 하는 일에 대해 말할 때 사용하는 표현이에요. to 뒤에는 동사원형이 오며, 여기서는 대명사 it을 '그것'이라고 해석하지 않는다는 점에 유의하세요. 또한 '하지 않는 것을 규칙으로 삼고 있다'라고 말할 때는 to 앞에 not이나 never 같은 부정어를 넣어요.

On Your Own

Dear diary,

Words & Phrases

take a nap 낮잠을 자다
keep a diary every day 매일 일기를 쓰다
never borrow money 절대 돈을 빌리지 않다
take a walk every morning 매일 아침 산책하다

Date. . .

What is it that you don't feel like doing?

하고 싶지 않은 일은 뭔가요?

Useful Pattern

I don't feel like 동사원형 + -ing ~할 기분이 아니다.

It's pouring outside. I don't feel like going out in this awful weather.
밖에 비가 쏟아지고 있다. 이런 지독한 날씨에는 외출하고 싶지 않다.

'I don't feel like 동사원형 + -ing'는 어떤 일을 하는 것이 내키지 않을 때 사용할 수 있는 표현이에요. 이때 like 뒤에는 명사를 쓰거나 동사에 -ing를 붙여서 사용할 수 있어요. 또한 don't를 빼고 'feel like 동사원형 + -ing(~하고 싶다)'라는 긍정의 의미로도 사용할 수 있어요.

On Your Own

Dear diary,

Words & Phrases

go out 외출하다
do anything 무언가를 하다
eat anything 무언가를 먹다
meet anyone 누군가를 만나다
crack a joke 농담하다
talk right now 지금 당장 대화를 나누다
have Chinese food today
오늘 중국 음식을 먹다

Q 118

Date. . .

Do you have any regrets about what you did today?

오늘 했던 일 중 후회하는 것이 있나요?

Useful Pattern

I regret 동사원형 + -ing 나는 ~한 걸 후회한다.

I regret having a late-night snack. There goes my diet.
야식 먹은 것을 후회한다. 다이어트는 물 건너갔네.

'I regret 동사원형 + -ing'는 지난 일에 대한 후회에 대해 말할 때 사용할 수 있는 표현이에요. 이때 regret 뒤에는 '동사원형 + -ing'나 'that 주어 + 동사'의 형태를 사용할 수 있어요. 단, 뒤에 'to + 동사원형'을 사용할 경우 '후회'의 의미가 아니라 '~하게 되어 유감이다'라는 의미가 된다는 점에 주의하세요.

On Your Own

Dear diary,

Words & Phrases

spending money 돈을 쓴 것
wasting my time 시간을 낭비한 것
eating so much 과식한 것
leaving so early 너무 일찍 떠난 것
not asking for his name 그의 이름을 묻지 않은 것
having a late-night snack 야식을 먹은 것
doing such a thing 그런 일을 한 것

Q 119 Date. . .

What is your favorite home appliance?

당신이 가장 좋아하는 가전제품은 무엇인가요?

Useful Pattern

I can't live without a ~ 나는 ~ 없이는 못 산다.

My cat's hair is all over the place. I can't live without a vacuum cleaner.
고양이 털이 사방에 떨어져 있다. 나는 진공청소기 없이는 못 산다.

'I can't live without a ~'는 꼭 있어야 하는 필수품에 대해 말할 때 사용할 수 있는 표현이에요. 이때 without은 '~이 없이'라는 의미로, can't라는 부정의 표현과 만나 '… 없이는 ~할 수 없다', 즉 '반드시 …이 있어야 ~할 수 있다'는 의미를 나타내요.

On Your Own

Dear diary,

Words & Phrases

hairdryer 헤어드라이어
washing machine 세탁기
microwave oven 전자레인지
vacuum cleaner 진공 청소기
air conditioner 에어컨
dishwasher 식기 세척기
toaster 토스터

Q 120

Date. . .

What is your most memorable moment from this year?

올해 가장 기억에 남는 순간은 무엇인가요?

Useful Pattern

I'll never forget ~ ~를 결코 잊지 못할 것이다.

I'll never forget my sister's wedding. Her wedding on the beach was so romantic.
여동생의 결혼식을 결코 잊지 못할 것이다. 해변에서의 결혼식은 너무나 낭만적이었다.

'I'll never forget ~'는 잊지 못할 일에 대해 나타낼 때 사용하는 표현이에요. 이때 I'll never forget 뒤에는 명사 혹은 'the day when 주어 + 동사'를 사용할 수 있어요. 또한 '~ is memorable'이라는 표현으로도 비슷한 의미를 나타낼 수 있어요.

On Your Own

Dear diary,

Words & Phrases

our trip to Italy 이탈리아 여행
my graduation ceremony 내 졸업식
his kindness 그의 친절
the look on his face 그의 표정
the concert last week 지난주 콘서트
my son's first birthday 아들의 첫돌
my sister's wedding 여동생의 결혼식

Date. . .

What is your top wish?

당신이 가장 바라는 소망은 무엇인가요?

Useful Pattern

I wish I 과거동사 ~하면 좋을 텐데.

I don't have enough space for clothes in my house. I wish I had a bigger house.
우리 집에는 옷을 수납할 공간이 충분하지 않다. 집이 더 크면 좋을 텐데.

'I wish I 과거동사'는 현재 사실과는 반대되는 소망을 말할 때 사용할 수 있는 표현이에요. 이때 I wish I 뒤에는 be 동사, 일반 동사, 조동사 등 '동사의 과거형'을 사용할 수 있어요. 특히 I wish I were은 '내가 ~하면/~라면 좋을 텐데'라는 의미로, were 대신 was를 사용하기도 해요.

On Your Own

Dear diary,

Words & Phrases

have a girlfriend 여자친구가 있다
have enough time 시간이 충분하다
know how to cook 요리를 할 줄 알다
have a bigger house 더 큰 집을 갖다
be there with him 그와 거기에 함께 있다
know him better 그를 더 잘 알다
be ten years younger 십 년 더 젊다

Q 122

Date. . .

What have you lost recently?

당신은 최근에 무엇을 잃어버렸나요?

Useful Pattern

I've lost ~ 나는 ~를 잃어버렸다.

I've lost my glasses. I just can't remember where I put them.
안경을 잃어버렸다. 대체 어디에 뒀는지 기억이 나지 않는다.

'I've lost ~'는 잃어버린 대상에 대해 나타낼 때 사용하는 표현이에요. I've는 I have의 줄임말이며, 'have + 과거분사'가 결합한 형태의 시제를 '현재완료'라고 해요. lost는 lose의 과거분사로, have lost는 '잃어버려서 지금까지 찾지 못했다'라는 속뜻을 담고 있어요.

On Your Own

Dear diary,

Words & Phrases

my car key 자동차 열쇠
my phone 전화기
my wallet 지갑
my wedding ring 결혼 반지
my earring 귀걸이
my glasses 안경
my credit card 신용카드

Q 123

Date. . .

Is there anything you didn't have a chance to do?

해볼 기회가 없었던 일이 있나요?

Useful Pattern

I didn't have a chance to ~ ~할 기회가 없었다.

I didn't have a chance to try windsurfing. I really want to take a windsurfing lesson.
나는 윈드서핑을 해볼 기회가 없었다. 정말 윈드서핑 수업에 참여해보고 싶다.

'I didn't have a chance to ~'는 해볼 기회가 없었던 일을 나타낼 때 사용하는 표현이에요. 이때 I didn't have a chance 뒤에는 'to + 동사원형'이 올 수 있으며, 긍정문인 I had a chance to를 사용하면 해볼 기회가 있었던 일을 표현할 수 있어요. 또한 I didn't have an opportunity to를 사용해도 비슷한 의미를 나타낼 수 있어요.

On Your Own

Dear diary,

Words & Phrases

explain myself 해명하다
thank him 그에게 감사하다
travel abroad 해외여행을 가다
say hello to him 그에게 인사하다
apologize to her 그녀에게 사과하다
try windsurfing 윈드서핑을 해보다
go over his report
그의 보고서를 검토해보다

Q 124

Date. . .

How did you feel when something important was coming up?

중요한 일을 앞두고 어떤 느낌이 들었나요?

Useful Pattern

I felt like ~ ~인 것 같은 느낌이 들었다.

I have participated in a quiz show. I felt like I had butterflies in my stomach.
퀴즈 프로그램에 참여해본 적이 있다. 배 속에 나비가 있는 것 같은 느낌이 들었다(너무 긴장됐다).

'I felt like ~'는 어떤 느낌이 들었는지에 대해 말할 때 사용하는 표현이에요. 이때 like는 '마치 ~처럼'이라는 의미의 접속사로 쓰였으며, 뒤에는 '주어 + 동사'의 형태를 사용할 수 있어요. 또한 I felt as if ~라고 표현해도 비슷한 의미를 나타낼 수 있어요.

On Your Own

Dear diary,

Words & Phrases

I was at home 집에 있었다
I was a movie star 영화 스타가 됐다
I was about to faint 실신하기 직전이었다
I had butterflies in my stomach 긴장했다
I had done something worthwhile 가치 있는 일을 했다

Q 125 Date. . .

Where have you been to?

당신은 어디에 가봤나요?

Useful Pattern

I've been to ~ 나는 ~에 가봤다.

I've been to the Louvre Museum. I was so excited.
나는 루브르 박물관에 가본 적 있다. 아주 흥분됐었다.

'I've been to ~'는 가본 경험이 있는 장소에 대해 말할 때 사용할 수 있는 표현이에요. 이때 I've been to 뒤에는 장소를 나타내는 명사가 올 수 있어요. 또한 I've never been to라는 부정의 표현을 사용해서 어떤 장소에 가본 경험이 없다는 의미로 사용할 수도 있어요.

On Your Own

Dear diary,

Words & Phrases

the Louvre Museum 루브르 박물관
the Alps 알프스산
a ball game 야구 경기
a prom 졸업 파티
a desert 사막
a vineyard 포도밭
a water park 수상 공원

Q 126

Date. . .

What do you like about him/her?

그 사람의 어떤 면을 좋아하나요?

Useful Pattern

He/She has ~ 그/그녀는 ~를 지녔다.

Benedict Cumberbatch is my all-time favorite actor. He has outstanding acting skills.
베네딕트 컴버배치는 내가 가장 좋아하는 배우다. 그는 뛰어난 연기력을 지녔다.

'He/She has ~'라는 패턴을 사용해서 어떤 사람이 지니고 있는 개인적 특성에 대해 말할 수 있어요. has 뒤에는 명사가 오며, 'such a + 명사'로 표현해서 강조하는 의미를 나타낼 수도 있어요. 또한 어떤 특성을 가지고 있지 않다고 이야기하려면, He doesn't have라는 표현을 사용할 수 있어요.

On Your Own

Dear diary,

Words & Phrases

a radiant smile 환한 미소
a great sense of humor 훌륭한 유머 감각
a sweet voice 감미로운 목소리
a charming personality 개인적 매력
great charisma 대단한 카리스마
outstanding acting skills 뛰어난 연기력
a great sense of humor 훌륭한 유머 감각

Q 127

Date.   .   .

What are you trying to do these days?

요즘 노력하고 있는 일은 무엇인가요?

Useful Pattern

I'm trying to ~ ~하려고 노력 중이다.

I'm trying to lose weight, so I'm trying to cut back on sweets.
나는 체중을 줄이려고 애쓰는 중이어서, 단것을 덜 먹으려고 노력 중이다.

'I'm trying to ~'라는 패턴을 사용해서 노력 중인 일을 표현할 수 있어요. 이때 to 뒤에는 동사원형을 사용하며, 여기서 try는 '시험 삼아 해보다'의 의미가 아니라 '노력하다'라는 의미라는 점에 유의하세요. I'm doing my best to ~(~하려고 최선을 다하는 중이다)라는 표현으로도 비슷한 의미를 나타낼 수 있어요.

On Your Own

Dear diary,

Words & Phrases

concentrate 집중하다
lose weight 체중을 줄이다
quit smoking 금연하다
cut back on sweets 단것을 줄이다
spend more time with my family 가족과 더 많은 시간을 보내다
expand my business 사업을 확장하다

Q 128

Date. . .

What do you want to eat at this moment?

지금 이 순간 먹고 싶은 음식은 무엇인가요?

Useful Pattern

I'm craving ~ 나는 ~가 당긴다.

I had a stressful day today. Now I'm craving a cold beer.
오늘은 정말 스트레스 쌓이는 날이었다. 시원한 맥주가 당긴다.

'I'm craving ~'이라는 패턴을 사용해서 몹시 원하는 음식이나 일을 표현할 수 있어요. crave는 원래 '갈망하다'라는 의미로 흔히 '~가 당긴다'라고 할 때 사용할 수 있는 동사예요. I want to have ~ very much로도 비슷한 의미를 나타낼 수 있어요.

On Your Own

Dear diary,

Words & Phrases

something spicy 매운 것
sweets 단것
a cup of coffee 커피 한 잔
a cold beer 시원한 맥주
fried chicken 닭튀김
hot soup 뜨끈한 국물
hot chocolate 코코아

Q 129

Date. . .

What are you going to do this weekend?

당신은 이번 주말에 뭘 할 예정인가요?

Useful Pattern

I'm going to ~ 나는 ~할 것이다.

I'm going to rearrange the furniture this weekend. I'm sure it'll revitalize me.
나는 이번 주말에 가구를 재배치할 것이다. 분명 내게 새로운 활력을 줄 거다.

'I'm going to ~'라는 패턴을 사용해서 미래의 계획을 말할 수 있어요. 이때 to 뒤에는 동사 원형을 사용하며, I'm gonna라고 줄여서 사용하기도 해요. 또한 I'm going to가 '나는 ~에 가는 중이다'라는 의미로 사용될 때는 to 뒤에 '장소를 나타내는 명사'가 온다는 점에 유의하세요.

On Your Own

Dear diary,

Words & Phrases

have a party 파티를 열다
take a break 잠시 쉬다
catch up on sleep 밀린 잠을 자다
do some grocery shopping 장을 보다
do some gardening 정원 손질을 하다
do some volunteer work 봉사활동을 하다
rearrange the furniture 가구를 재배치하다

Q 130 Date. . .

How would you say no?

당신은 어떻게 거절을 하나요?

Useful Pattern

I would refuse by ~ ~ 나는 ~라고 하며 거절할 것이다.

Saying no isn't always easy, but it's often necessary. I would refuse by saying no directly.

거절하는 것은 항상 쉽지는 않지만, 때로는 필요하다. 나는 직접적으로 싫다고 말하며 거절할 것이다.

'I would refuse by ~'는 거절하는 방법에 대해 말할 때 사용할 수 있는 표현이에요. 이때 refuse는 '거절하다'라는 의미로 decline 혹은 say no로 바꿔 표현할 수도 있어요. 또한 'by 동사원형 + -ing'는 '방법'을 말할 때 사용할 수 있어요.

On Your Own

Dear diary,

Words & Phrases

delay my response 대답을 뒤로 미룬다
say I am sick 아프다고 말하다
say I am busy 바쁘다고 말하다
not respond 답을 하지 않는다
say no directly 직접적으로 싫다고 말하다
offer an alternative 대안을 제시하다
tell a white lie 선의의 거짓말을 하다

Q 131

Date. . .

What do you want to major in at college?

대학에서 무엇을 전공하고 싶나요?

Useful Pattern

I want to major in ~ 나는 ~을 전공하고 싶다.

I want to major in music composition. I want to become a composer after graduating.
나는 음악 작곡을 전공하고 싶어. 나는 졸업하고 작곡가가 되고 싶어.

'I want to major in ~'은 공부하고 싶은 전공에 대해 말할 때 사용할 수 있는 표현이에요. 여기서 major는 '전공 과목'이라는 명사로도, '전공하다'라는 동사로도 쓰이며 이때는 전치사 in을 동반해요. 또한 '대학에서 ~을 전공했다'라고 말하려면, I majored in ~ 으로 표현할 수 있어요.

On Your Own

Dear diary,

Words & Phrases

music composition 음악 작곡
physics 물리학
English literature 영문학
computer science 컴퓨터공학
business 경영
economics 경제
zoology 동물학

Q 132

Date. . .

What do you see yourself doing in ten years?

10년 후에 당신은 무엇을 하고 있을 것 같나요?

Useful Pattern

I can see myself ~ 나는 ~하고 있을 것 같다.

I can see myself traveling alone to Europe. I want to visit the Eiffel Tower in Paris.
나는 혼자 유럽을 여행하고 있을 것 같다. 나는 파리에 있는 에펠탑이 보고 싶다.

'I can see myself ~'는 자신의 미래 모습을 상상할 때 사용할 수 있는 표현이에요. 'see myself ~'는 '내가 ~하는 것을 그려보다'라는 의미로 myself 뒤에는 '동사원형 + -ing'의 형태를 사용할 수 있어요. 또한 see 대신 imagine이라는 동사를 사용해도 비슷한 의미를 나타낼 수 있어요.

On Your Own

Dear diary,

Words & Phrases

get married 결혼하다
find a place 집을 구하다
have kids 자녀를 갖다
get a job 직업을 구하다
attend graduate school 대학원에 다니다
travel alone to Europe
홀로 유럽 여행을 하다

Q 133 Date. . .

What would you like for dinner?

저녁으로 무엇을 먹고 싶은가요?

Useful Pattern

I would like to have ~ for dinner 나는 저녁으로 ~가 먹고 싶다.

I would like to have rice porridge for dinner. I am not feeling too well.
나는 저녁으로 죽이 먹고 싶다. 별로 몸이 좋지 않다.

'I would like to have ~ for dinner'는 저녁 식사로 먹고 싶은 음식에 대해 말할 때 사용할 수 있는 표현이에요. 이때 would like to는 '~하고 싶다'라는 의미이며, 'd like to로 줄여서 표현할 수 있어요. 또한 have는 '갖다'라는 의미가 아니라 '먹다'라는 의미로 사용되었어요.

On Your Own

Dear diary,

Words & Phrases

a chicken breast 닭가슴살
a steak 스테이크
mashed potatoes 으깬 감자
a bowl of rice 밥
seafood 해산물
a sandwich 샌드위치
rice porridge 죽

Q 134

Date. . .

What is your favorite subject?

당신이 가장 좋아하는 과목은 무엇인가요?

Useful Pattern

I am crazy about ~ 나는 ~를 정말 좋아한다.

I am crazy about math. I like problem solving with numbers.
나는 수학을 정말 좋아한다. 나는 숫자로 문제 푸는 것을 좋아한다.

'I am crazy about ~'은 자신이 정말 좋아하는 대상에 대해 말할 때 사용할 수 있는 표현이에요. 이때 be crazy about은 '~에 푹 빠져 있다, 열광하다'라는 의미로, be interested in 혹은 love ~ very much로 바꿔서 표현할 수 있어요.

On Your Own

Dear diary,

Words & Phrases

science 과학
physical education 체육
home economics 기술 가정
philosophy 철학
ethics 도덕
social science 사회
history 역사

Q 135 Date. . .

What writing utensil do you use the most often?

당신이 가장 자주 쓰는 필기구는 무엇인가요?

Useful Pattern

I use ~ the most often 나는 ~을 가장 자주 쓴다.

I use an eraser the most often. I find myself erasing at least half of what I write down.
나는 지우개를 가장 자주 쓴다. 나는 내가 쓴 것 중 최소 반은 지우는 것 같다.

'I use ~ the most often'은 가장 자주 사용하는 물건에 대해 말할 때 사용할 수 있는 표현이에요. 이때 the most often은 '가장 자주'라는 의미이며, the most often 대신 all the time(항상), frequently(자주) 등 다른 부사(구)를 사용할 수 있어요.

On Your Own

Dear diary,

Words & Phrases

a ball-point pen 볼펜
a mechanical pencil 샤프연필
a pencil sharpener 연필깎이
a highlighter 형광펜
whiteout 수정액
a colored pencil 색연필
a crayon 크레파스

Q 136 Date. . .

What kind of shoes do you like to wear?

당신은 어떤 종류의 신발을 좋아하나요?

Useful Pattern

I usually go for ~ 나는 보통 ~을 선택한다.

I usually go for heels. I am short, so I always want to appear taller.
나는 보통 하이힐을 선택한다. 나는 키가 작아서 항상 더 커 보이고 싶다.

'I usually go for ~'는 자신의 선택에 대해 말할 때 사용할 수 있는 표현이에요. 이때 go for는 '선택하다'의 의미로, choose로 바꿔 표현할 수 있어요. 또한 신발은 오른쪽과 왼쪽이 모두 필요하므로, 복수형으로 표현한다는 점에도 유의해주세요.

On Your Own

Dear diary,

Words & Phrases

slippers 슬리퍼
sandals 샌들
sneakers 운동화
basketball shoes 농구화
spikes 스파이크화
mules 뒤축이 없는 신발
boots 부츠

Q 137

Date. . .

What are you hooked on?

당신은 무엇에 푹 빠져 있나요?

Useful Pattern

I am hooked on ~ 나는 ~에 푹 빠져 있다.

I am hooked on sugar. I cannot stop eating snacks like lollipops.
나는 설탕에 중독되어 있다. 막대 사탕 같은 간식을 계속 먹게 된다.

'I am hooked on ~'은 요즘 무엇에 푹 빠져 있는지를 말할 때 사용할 수 있는 표현이에요. 이때 hook은 원래 '갈고리'라는 의미로, be hooked on은 마치 갈고리에 걸려 빠져나가지 못하듯 어떤 일에 중독되었거나, 푹 빠져 있다는 뜻으로 사용할 수 있어요.

On Your Own

Dear diary,

Words & Phrases

sugar 설탕
online games 온라인 게임
online shopping 온라인 쇼핑
the cupcakes from the new bakery 새로 생긴 제과점의 컵케이크
carbonated drinks 탄산음료
caffeine 카페인

Q 138

Date. . .

What are you interested in these days?

당신은 요즘 무엇에 관심이 있나요?

Useful Pattern

These days, I am interested in ~ 요즘 나는 ~에 관심이 있다.

These days, I am interested in baking. Last night, I baked an apple pie by myself.
요즘 나는 베이킹에 관심이 있다. 어젯밤에는 혼자 애플파이를 구웠다.

'These days, I am interested in ~'는 요즘 무엇에 관심이 있는지를 말할 때 사용할 수 있는 표현이에요. 이때 be interested in은 '~에 관심이 있다'라는 의미로, in 뒤에는 명사나 '동사원형 + -ing'를 사용할 수 있어요. 또한 These days, I am into ~(~에 관심이 많다)라고 표현해도 비슷한 의미를 나타낼 수 있어요.

On Your Own

Dear diary,

Words & Phrases

baking 빵 굽기, 베이킹
classical music 클래식 음악
architecture 건축
landscape photography 풍경 사진
gardening 정원 가꾸기
knitting 뜨개질
writing short stories 단편 소설 쓰기

Q 139 Date. . .

What smell do you like the most?

어떤 냄새를 가장 좋아하나요?

Useful Pattern

I like the smell of ~ 나는 ~ 냄새를 좋아한다.

I like the smell of freshly baked bread. It always makes my mouth water.
나는 갓 구운 빵 냄새를 좋아한다. 항상 군침이 돌게 한다.

'I like the smell of ~ '는 자신이 좋아하는 냄새에 대해 말할 때 사용하는 표현이에요. 이때 smell 대신 aroma, fragrance, scent 등을 사용할 수 있어요. 단, odor는 주로 좋지 못한 악취에 대해 이야기할 때 사용한다는 점에 주의하세요.

On Your Own

Dear diary,

Words & Phrases

bar soap 비누
old books 헌책
soil after the rain 비 온 뒤 흙
freshly cut grass 갓 자른 풀
freshly baked bread 갓 구운 빵
freshly ground coffee beans 갓 갈아놓은 커피

Q 140

Date. . .

How often do you work out?

얼마나 자주 운동하나요?

Useful Pattern

I work out ~ 나는 ~ 운동한다.

I'm getting a beer belly these days, so I work out at least 20 minutes a day.
요즘 배가 나오고 있다. 그래서 나는 매일 최소 20분은 운동을 한다.

'I work out ~'는 얼마나 자주 운동하는지에 대해 말할 때 사용하는 표현이에요. 이때 work out은 '운동하다'라는 의미로 exercise로 바꿔 쓸 수 있으며, 뒤에는 빈도에 해당하는 부사구를 넣을 수 있어요. 몇 번에 해당하는 배수사, 즉 once, twice, three times, four times… 뒤에 '일주일', '한 달' 등 기준이 되는 기간을 넣어주면 돼요.

On Your Own

Dear diary,

Words & Phrases

seldom 좀처럼 안 하다
every day 매일
once a week 일주일에 한 번
twice a week 일주일에 두 번
every other day 격일로
several times a month 한 달에 몇 번
at least 20 minutes a day 최소한 하루에 20분

Q 141

Date. . .

What did you end up doing?

(의도하지 않았으나) 결국 하게 된 일이 있나요?

Useful Pattern

I ended up ~ 나는 결국 ~했다.

My boss dumped his work on me. I ended up doing all the work myself.
상사가 나에게 자기 일을 떠넘겼다. 결국 나 혼자 모든 일을 하게 되었다.

'I ended up ~'는 의도하지 않았으나 결국 발생한 일에 대해 말할 때 사용할 수 있는 표현이에요. 이때 ended up 뒤에는 '동사원형 + -ing', 형용사, 'with + 명사' 등의 형태가 올 수 있어요. 또한 finally라는 부사를 사용해도 비슷한 의미를 나타낼 수 있어요.

On Your Own

Dear diary,

Words & Phrases

go broke 파산하다
lose money 돈을 잃다
miss the train 기차를 놓치다
catch a cold 감기에 걸리다
stay up all night 밤을 새다
visit the wrong place 엉뚱한 곳에 가다
do all the work myself 혼자 모든 일을 하다

 Date. . .

Do you have any bad habits?

당신은 나쁜 습관이 있나요?

Useful Pattern

My bad habit is ~ 나의 나쁜 습관은 ~이다.

My bad habit is chewing on my fingernails. I usually forget that I am chewing on them.
나의 나쁜 습관은 손톱을 물어뜯는 거다. 보통 내가 물어뜯고 있다는 걸 잊어버린다.

'My bad habit is ~'는 자신이 가지고 있는 나쁜 습관에 대해 말할 때 사용하는 표현이에요. 여기서 is 뒤에는 '동사원형 + -ing' 혹은 'to + 동사원형'을 사용할 수 있으며, '~ is my bad habit'이라고 표현해도 같은 의미를 나타낼 수 있어요.

On Your Own

Dear diary,

Words & Phrases

snack 간식을 먹다
procrastinate 할 일을 미루다
nap 낮잠을 자다
overeat 과식하다
eat out 외식하다
stay up late 늦게 자다
fidget 꼼지락거리다

Q 143 Date. . .

What would you bring if you went camping?

만약 캠핑을 가게 된다면 뭘 가지고 갈 것 같나요?

Useful Pattern

I would bring ~ 나는 ~를 갖고 갈 것이다.

If I went camping, I would bring a sleeping bag. I am sure it will be cold at night.
캠핑을 간다면 나는 침낭을 가져갈 거다. 밤에는 분명 추울 것이다.

'I would bring ~'는 어딘가에 갈 때 가져갈 물건에 대해 말할 때 사용할 수 있는 표현이에요. 이때 would에는 '~할 텐데'라는 가정과 의지가 담겨 있으며, bring 대신 carry를 사용해도 비슷한 의미를 나타낼 수 있어요.

On Your Own

Dear diary,

Words & Phrases

a portable lamp 휴대용 램프
a sleeping bag 침낭
snacks 간식
blankets 담요
a folding table 접이식 테이블
a tent 텐트
matches 성냥

Q 144

Date. . .

Is there anything you've been eagerly waiting for?

손꼽아 기다리는 것이 있나요?

Useful Pattern

I have been eagerly waiting for ~ 나는 ~를 손꼽아 기다리고 있다.

I have been eagerly waiting for the Christmas season. I love seeing Christmas trees at stores.
나는 크리스마스 시즌을 손꼽아 기다리고 있다. 나는 상점에서 크리스마스트리를 보는 걸 좋아한다.

'I have been eagerly waiting for ~'는 무엇을 간절히 기다리고 있는지를 말할 때 사용할 수 있는 표현이에요. 이때 be waiting for는 '~을 기다리고 있다'라는 의미로, be looking forward to로 바꿔 표현해도 비슷한 의미를 나타낼 수 있어요.

On Your Own

Dear diary,

Words & Phrases

the package 택배
the new year 새해
my birthday 내 생일
the Christmas season 크리스마스 시즌
my wedding anniversary 결혼기념일
my graduation 졸업
my high school reunion 고등학교 동창회

Q 145   *Date.*   .   .

What symptoms do you usually have when you catch a cold?

감기에 걸리면 주로 어떤 증상이 나타나나요?

Useful Pattern

When I catch a cold, I have ~ 감기에 걸렸을 때 나의 증상은 ~이다.

When I catch a cold, I usually have a stuffy nose.
감기에 걸리면 나는 보통 코가 막힌다.

'When I catch a cold, I have ~'는 감기의 증상에 대해 말할 때 사용하는 표현이에요. 간단하게 'I have 아픈 증상' 혹은 'My 신체 부위 hurts' 등의 표현을 사용해서 증상에 대해 설명할 수도 있어요.

On Your Own

Dear diary,

Words & Phrases

a runny nose 콧물
a fever 열
a stomachache 배 아픔
a stuffy nose 코막힘
a sore throat 목 아픔

Q 146

Date. . .

What annoys you?

무엇이 당신을 짜증 나게 하나요?

Useful Pattern

It really annoys me when ~ 나는 ~할 때 정말 짜증이 난다.

It really annoys me when I have to clean my room. I don't know how it gets dirty so quickly.
나는 방을 치워야 할 때 정말 짜증이 난다. 도대체 어떻게 이렇게 빨리 더러워지는지 모르겠다.

'It really annoys me when ~'은 나를 짜증 나게 하는 상황에 대해 말할 때 사용하는 표현이에요. 여기서 it은 when 이하를 가리키는 대명사로 '그것'이라고 해석하지 않는다는 점에 유의해주세요. 또한 when 뒤에는 '주어 + 동사'가 올 수 있어요.

On Your Own

Dear diary,

Words & Phrases

people litter 사람들이 쓰레기를 아무 데나 버린다
people forget to say thank you 사람들이 잊어버리고 고맙다고 말하지 않는다
people tap their feet 사람들이 발로 바닥을 탁탁 치다
people talk loudly 사람들이 큰 소리로 대화하다

Q 147 Date. . .

What do you do in the evening?

당신은 저녁에 무엇을 하나요?

Useful Pattern

I usually spend my evenings ~ 나는 보통 ~하면서 저녁을 보낸다.

I prefer to have quiet evenings, so I usually spend my evenings reading a magazine in bed.
나는 저녁에는 조용히 지내는 걸 더 좋아해서, 보통 침대에서 잡지를 읽으며 저녁을 보낸다.

'I usually spend my evenings ~'는 보통 어떻게 저녁 시간을 보내는지에 대해 말할 때 사용하는 표현이에요. 여기서 spend my evenings 뒤에는 '동사원형 + -ing'의 형태를 사용하며, usually(보통) 대신 often(자주), always(항상) 등 다른 부사를 사용할 수도 있어요.

On Your Own

Dear diary,

Words & Phrases

go outdoors 바깥에 나가다
read a magazine in bed 침대에서 잡지를 읽는다
work on assignments for school 학교 과제를 하다
browse social media 소셜미디어를 둘러본다

Q 148

Date. . .

What did you miss out on?

뭔가 놓친 게 있나요?

Useful Pattern

I missed out on ~ 나는 ~를 놓쳤다.

I missed out on the job I wanted. But I'm sure there'll be better opportunities.
나는 원했던 일자리를 놓쳤다. 하지만 나는 더 나은 기회가 있을 거라고 확신한다.

'I missed out on ~'는 자신이 놓친 기회에 대해 말할 때 사용하는 표현이에요. 여기서 miss out on은 '이용할 수 있는 기회 등을 놓치다'라는 의미로, 'miss the opportunity to + 동사원형'의 형태로 바꿔서 표현할 수도 있어요.

On Your Own

Dear diary,

Words & Phrases

the party 파티
the promotion 승진
all the fun 온갖 재미
the important details 중요한 세부사항
the job I wanted 내가 원했던 일자리
the chance to see my sister 언니를 만날 기회

Q 149

Date. . .

What is your least favorite movie genre? And why?

가장 좋아하지 않는 영화 장르는 무엇인가요? 이유가 뭔가요?

Useful Pattern

There are too many ~ / There is too much ~ 너무 많은 ~이 있다.

I really dislike romance movies. There are too many coincidences in them.
나는 로맨스 영화를 정말 싫어한다. 로맨스 영화에는 우연의 일치가 너무 많다.

'There are too many ~'는 너무 많은 부정적 요소가 존재할 때 사용하는 표현이에요. 여기서 There are too many 뒤에는 셀 수 있는 명사의 복수형을 사용하며, There is too much 뒤에는 셀 수 없는 명사를 사용한다는 점에 유의하세요.

On Your Own

Dear diary,

Words & Phrases

jokes 농담
violence 폭력
plot twists 반전
special effects 특수 효과
coincidences 우연의 일치
incorrect information 부정확한 정보
jumpscares 깜짝 놀라게 하는 장면들

Q 150

Date. . .

When was the last time you cried?

마지막으로 울었던 게 언제인가요?

Useful Pattern

I often cry when ~ 나는 ~할 때 가끔 운다.

The last time I cried was yesterday. I often cry when I watch sad movies.
내가 마지막으로 울었던 때는 어제다. 나는 슬픈 영화를 볼 때 가끔 운다.

'I often cry when ~'이라는 패턴을 사용해서 가끔 눈물을 흘리는 상황에 대해 말할 수 있어요. when은 '~할 때'라는 의미의 접속사로 뒤에는 '주어 + 동사'가 와요. cry 대신 weep이나 shed tears라는 표현을 사용해도 비슷한 의미를 나타낼 수 있어요.

On Your Own

Dear diary,

Words & Phrases

pray 기도하다
I'm alone 혼자 있다
chop onions 양파를 썰다
laugh too hard 너무 심하게 웃다
watch sad movies 슬픈 영화를 보다
see others cry 다른 사람이 우는 걸 보다
hear his voice on the phone 전화로 그의 목소리를 듣다

Q 151

Date. . .

How do you begin your day?

당신은 하루를 어떻게 시작하나요?

Useful Pattern

I begin each day by ~ 나는 매일 ~하며 하루를 시작한다.

My morning starts at 6:00 when my alarm goes off. I begin each day by making my bed.
나의 아침은 6시에 알람이 울리면 시작된다. 나는 매일 침대를 정리하며 하루를 시작한다.

'I begin each day by ~'라는 패턴을 사용해서 매일 하루를 시작하는 방법에 대해 말할 수 있어요. by는 '방법'을 나타내는 전치사로 뒤에는 '동사원형 + -ing'가 와요. 또한 'I begin my day with + 명사'를 사용해도 비슷한 의미를 나타낼 수 있어요.

On Your Own

Dear diary,

Words & Phrases

open the windows 창문을 열다
read the newspaper 신문을 읽다
take a morning walk 아침 산책을 하다
check my emails 이메일을 확인하다
brew coffee 커피를 내리다
make my bed 침대를 정리하다
wash my face 세수를 하다

Q 152 Date. . .

What do you pray for?

무엇을 위해 기도하나요?

Useful Pattern

I always pray for ~ 나는 항상 ~를 위해 기도한다.

I have no religion. But before going to bed, I always pray for those who I love.
나는 종교가 없다. 하지만 잠자리에 들기 전에, 항상 내가 사랑하는 사람들을 위해 기도한다.

'I always pray for ~'라는 패턴은 항상 무엇을 위해 기도하는지에 대해 이야기할 때 사용할 수 있는 표현이에요. 이때 for 뒤에는 명사가 오며, 명사 뒤에 'to + 동사원형' 등을 사용해 자세한 내용을 덧붙일 수 있어요. 또한 always 대신 often(자주), seldom(드물게) 등 다른 시간의 부사를 사용할 수 있어요.

On Your Own

Dear diary,

Words & Phrases

peace 평화
my family 가족
good health 좋은 건강
those I love 내가 사랑하는 사람들
the strength to resist temptations 유혹에 저항할 힘
the willingness to do the right thing 옳은 일을 할 의지

Q 153 Date. . .

What is a dream that you gave up?

포기한 꿈은 무엇인가요?

Useful Pattern

I gave up my dream of ~ 나는 ~ 꿈을 포기했다.

When I was a child, I wanted to be a basketball player. But after the injury, I gave up my dream of becoming the greatest NBA player ever.

어렸을 때 나는 농구 선수가 되고 싶었다. 하지만 부상 후 가장 훌륭한 NBA 선수가 되겠다는 꿈을 포기했다.

'I gave up my dream of ~'라는 패턴은 포기해야 했던 꿈에 대해 이야기할 때 사용할 수 있는 표현이에요. 이때 of 뒤에는 '동사원형 + -ing'가 오며, '나는 ~ 꿈을 이뤘다'라고 표현하려면 I realized my dream of라고 해요.

On Your Own

Dear diary,

Words & Phrases

write a novel 소설을 쓰다
make a robot 로봇을 만들다
go to law school 로스쿨에 가다
become a chef 요리사가 되다
run my own business 내 사업을 운영하다
travel around the world 세계 일주를 하다

Q 154 Date. . .

What situation do you hate?

어떤 상황이 싫나요?

Useful Pattern

I hate it when ~ 나는 ~ 할 때 정말 짜증 난다.

I don't like rainy days. I hate it when a passing car splashes water on me.
나는 비가 오는 날을 좋아하지 않는다. 지나가는 차가 물을 튀길 때 정말 짜증 난다.

'I hate it when ~'이라는 패턴은 몹시 싫어하고 짜증 나는 상황을 나타낼 때 사용할 수 있는 표현이에요. 이때 when 뒤에는 '주어 + 동사'가 오며, 구어체에서는 it을 생략할 때도 있어요. 반대로 '나는 ~할 때 정말 좋다'라고 표현하려면 I like it when이라고 해요.

On Your Own

Dear diary,

Words & Phrases

my shoes get wet 신발이 젖다
I don't have an umbrella 우산이 없다
rain causes traffic jams 비 때문에 교통체증이 생기다
rain ruins my outfit 비 때문에 옷이 엉망이 되다

Q 155

Date. . .

What can't you afford to do?

여유가 없어 못 하는 일은 무엇인가요?

Useful Pattern

I can't afford to ~ ~할 처지가 아니다.

I have so many things to do. I can't afford to go on a summer vacation.
할 일이 너무 많다. 피서를 갈 처지가 아니다.

'I can't afford to ~'는 어떤 일을 할 경제적, 시간적 여유가 없을 때 사용할 수 있는 표현이에요. 이때 afford는 '~의 여유가 있다'라는 의미로 뒤에 명사나 'to + 동사원형'을 사용해요. 긍정문인 I can afford to는 '~는 가뿐히 할 수 있다'라는 의미로 사용할 수 있어요.

On Your Own

Dear diary,

Words & Phrases

pay my tuition 학비를 내다
waste time 시간을 낭비하다
take time off 휴가를 내다
turn down his offer 그의 제안을 거절하다
pay rent for this place 이 집의 집세를 내다
go on a summer vacation 피서를 가다

Q 156 Date. . .

What sound do you like to hear?

어떤 소리를 듣는 걸 좋아하나요?

Useful Pattern

I love the sound of ~ 나는 ~ 소리를 좋아한다.

I love the sound of a log fire crackling. It always calms my nerves.
나는 장작불이 타닥거리는 소리를 좋아한다. 그 소리는 항상 마음을 진정시켜준다.

'I love the sound of ~'라는 패턴은 어떤 소리를 좋아하는지를 표현할 때 사용할 수 있는 표현이에요. 이때 of 뒤에는 명사를 사용하거나, 명사 뒤에 '동사원형 + -ing'를 사용할 수 있어요. 또한 I like to hear the sound of라고 표현해도 비슷한 의미를 나타낼 수 있어요.

On Your Own

Dear diary,

Words & Phrases

rain falling 비가 내리는
a bird singing 새가 노래하는
a child laughing 아이가 웃는
the wind blowing 바람이 부는
a log fire crackling 장작불이 타닥거리는
a cat purring 고양이가 가르랑거리는
waves crashing on the shore 파도가 해안에 부딪히는

Q 157

Date.　　.　　.

Who do you rely on?

당신은 누구에게 의지하나요?

Useful Pattern

I rely on 사람 for ~ 나는 ~를 얻기 위해 …에게 의지한다.

I always rely on my husband for emotional support. He's my best friend.
나는 항상 정서적 지지를 얻기 위해 남편에게 의지한다. 그는 나의 가장 좋은 친구다.

'I rely on 사람 for ~'라는 패턴은 어떤 것을 얻기 위해 누구에게 의지하는지를 나타낼 때 사용할 수 있는 표현이에요. rely on은 '의지하다'라는 의미이며, depend on이나 count on을 사용해도 비슷한 의미를 나타낼 수 있어요.

On Your Own

Dear diary,

Words & Phrases

financial support 재정적 지원
advice 조언
news 소식
information 정보
help 도움
emotional support 정서적 지지
business 사업

Q 158

Date. . .

What are you looking forward to this week?

이번 주에 기대하고 있는 일은 무엇인가요?

Useful Pattern

I can't wait to~ 빨리 ~하고 싶다.

I finally bought my first SUV. I can't wait to drive my new car.
마침내 첫 SUV를 샀다. 빨리 새 차를 운전해보고 싶다.

'I can't wait to~'는 어떤 일이 일어나기를 간절히 바라고 있을 때 사용할 수 있는 표현이에요. can't 대신 hardly라는 부사를 사용해서 I can hardly wait to를 사용해 비슷한 의미를 나타낼 수도 있어요. 이때 'to + 동사원형' 혹은 'for + 명사'를 사용할 수 있어요.

On Your Own

Dear diary,

Words & Phrases

get back home 집으로 돌아가다
see the new movie 새 영화를 보다
hear from him 그에게서 연락이 오다
drive my new car 새 차를 운전하다
see my family again 가족을 다시 만나다
move into a new house 새집으로 이사하다
tell him the good news 그에게 좋은 소식을 전하다

Q 159

Date. . .

What do you do before bed?

당신은 자기 전에 무엇을 하나요?

Useful Pattern

I ~ before bed 나는 자기 전에 ~한다.

I listen to soothing music before bed. It helps to get better sleep.
나는 자기 전에 부드러운 음악을 듣는다. 그게 잠을 더 잘 자는 데 도움이 된다.

'I ~ before bed'라는 패턴을 사용해서 자기 전에 하는 행동에 대해 말할 수 있어요. 이때 before bed는 '자기 전에'라는 의미로, before going to bed로 풀어서 표현할 수 있어요. 또한 usually라는 부사를 넣어 '보통, 평소에'라는 의미를 더할 수 있어요.

On Your Own

Dear diary,

Words & Phrases

meditate 명상하다
brush my teeth 양치질하다
do some stretches 스트레칭을 하다
drink a cup of milk 우유를 한잔 마시다
take a warm bath 따뜻한 물로 목욕하다
listen to soothing music 부드러운 음악을 듣는다

Q 160 Date. . .

Who are you holding a grudge against?

당신은 누구에게 불만을 품고 있나요?

Useful Pattern

I can't put up with ~ 나는 ~를 못 참겠다.

I can't stand my roommate. I cannot put up with her endless chatter.
나는 룸메이트를 참을 수가 없다. 나는 그녀의 끝없는 수다를 못 참겠다.

'I can't put up with ~'라는 패턴을 사용해서 참기 힘든 불만 사항에 대해 말할 수 있어요. 이때 put up with는 '참다'라는 의미로, tolerate, stand, endure 등으로 바꿔서 표현할 수 있어요. 또한 맨 끝에 any longer를 덧붙여 '더 이상 ~를 못 참겠다'는 의미를 나타낼 수도 있어요.

On Your Own

Dear diary,

Words & Phrases

laziness 게으름
rudeness 무례함
bad behavior 나쁜 행동
endless chatter 끝없는 수다
constant whining 끊임없는 불평
selfish attitude 이기적인 태도
unreasonable demands 부당한 요구

Q 161

Date.   .   .

What's your favorite article of clothing?

어떤 옷을 제일 좋아하나요?

Useful Pattern

I like ~ the most 나는 ~를 입는 것을 가장 좋아한다.

I like T-shirts the most. There are so many kinds of T-shirts.
나는 티셔츠 입는 것을 가장 좋아한다. 정말 다양한 종류의 티셔츠가 있다.

'I like wearing ~ the most'는 가장 즐겨 입는 옷에 대해 말할 때 사용할 수 있는 표현이에요. 이때 like 뒤에는 '동사원형 + -ing' 혹은 'to + 동사원형'을 사용할 수 있어요. 또한 wear 뒤에 hat(모자), socks(양말), gloves(장갑) 등 다양한 종류의 의류를 목적어로 사용할 수 있어요.

On Your Own

Dear diary,

Words & Phrases

sweatsuits 운동복, 추리닝
shorts 반바지
cardigans 카디건
sweaters 스웨터
T-shirts 티셔츠
jeans 청바지
dress shirts 와이셔츠

Q 162 Date. . .

If you were an animal, what would you be?

만일 당신이 동물이라면, 어떤 동물일까요?

Useful Pattern

Much like 명사, I ~ ~처럼 나는 ~한다.

I would be a dolphin. Much like a dolphin, I love communicating with others.
나는 돌고래일 것이다. 돌고래처럼 나는 다른 사람들과 소통하는 것을 좋아한다.

'Much like 명사, I ~'는 자신이 무엇과 어떤 점에서 비슷한지에 대해 말할 때 사용하는 표현이에요. 이때 like는 '~처럼'이라는 의미의 전치사로 much가 앞에서 그 의미를 강조하고 있어요. 또한 much like를 풀어서 'I have a lot in common with ~'라고 하면 '나는 ~과 공통점이 많다'라고도 표현할 수 있어요.

On Your Own

Dear diary,

Words & Phrases

am strong 강하다
am a hard-worker 열심히 일하는 사람이다
am creative and innovative 창의적이고 혁신적이다
am a great problem-solver 훌륭한 문제 해결사이다

Q 163 Date. . .

What are you known for?

당신은 무엇으로 잘 알려져 있나요?

Useful Pattern

I'm well known for ~ 나는 ~로 잘 알려져 있다.

I'm well known for being very organized. I just cannot stand clutter.
나는 정리정돈을 잘하는 것으로 잘 알려져 있다. 나는 어수선한 걸 참을 수가 없다.

'I'm well known for ~'는 자신이 무엇으로 유명한지에 대해 말할 때 사용하는 표현이에요. 이때 be known for는 '~로 잘 알려진'이라는 의미이며, for 뒤에는 명사나 '동사원형 + -ing'가 올 수 있어요. 또한 be known to는 '~에게 잘 알려진'이라는 의미라는 것도 참고하세요.

On Your Own

Dear diary,

Words & Phrases

my unique laugh 독특한 웃음
being a foodie 미식가인 것
my love of travel 여행을 좋아하는 것
my love of reading 독서를 좋아하는 것
my love of karaoke 노래방을 좋아하는 것
being very organized 정리정돈을 잘하는 것
being vocal 내 의견을 강하게 밝히는 것

Q 164

Date. . .

What do you do when you're depressed?

우울할 때 당신은 무엇을 하나요?

Useful Pattern

~ cheers me up ~하면 기운이 난다.

Taking a nap cheers me up. After a good sleep, I always feel much better.
낮잠을 자면 기운이 난다. 잘 자고 나면, 항상 기분이 한결 좋아진다.

'~ cheers me up'이라는 패턴을 사용해서 기운 나게 하는 원동력을 나타낼 수 있어요. 이때 cheer는 '기운 나게 하다'라는 동사로 앞에는 명사나 '동사원형 + -ing'를 사용할 수 있어요. '~ encourages me'라고 표현해도 비슷한 의미를 나타낼 수 있어요.

On Your Own

Dear diary,

Words & Phrases

eat out 외식하다
go shopping 쇼핑하러 가다
take a bubble bath 거품 목욕을 하다
chat with a friend 친구와 수다 떨다
go for a massage 마사지를 받으러 가다
take a nap 낮잠을 자다
go for a drive 드라이브 하러 가다

Q 165

Date. . .

What stresses you out?

무엇이 당신을 스트레스받게 하나요?

Useful Pattern

~ stresses me out ~이 나를 스트레스 받게 한다.

My co-worker stresses me out. She just keeps complaining about everything.
내 동료가 나를 스트레스 받게 한다. 그녀는 모든 일에 불평만 한다.

'~ stresses me out'은 스트레스의 원인을 나타낼 때 사용하는 표현이에요. 여기서는 stress가 '스트레스를 주다'라는 동사로 사용되었으며, out은 강조의 의미를 더하고 있어요. stress는 '강조하다'라는 의미로도 사용될 수 있으니 기억해두세요.

On Your Own

Dear diary,

Words & Phrases

the traffic 교통체증
the noise 소음
my job 직장
customers 고객들
food waste 음식물 쓰레기
my co-worker 동료
late summer heat 늦더위

Q 166

Date. . .

What's on your bucket list?

당신의 버킷리스트에는 무엇이 있나요?

Useful Pattern

I hope to ~ someday 나는 언젠가 ~ 하고 싶다.

I hope to run a marathon someday. Finishing a marathon would be one of my greatest accomplishments.
나는 언젠가 마라톤을 뛰고 싶다. 마라톤을 완주하는 것이 나의 가장 큰 성취 중 하나가 될 것이다.

'I hope to ~ someday'는 언젠가 하고 싶은 일에 대해 말할 때 사용하는 표현이에요. 이때 I hope 뒤에는 'to + 동사원형'이나 'that + 주어 + 동사'를 사용할 수 있으며, hope to 대신 want to나 wish to 등의 표현을 사용해서 비슷한 의미를 나타낼 수 있어요.

On Your Own

Dear diary,

Words & Phrases

run a marathon 마라톤을 뛰다
publish a book 책을 출판하다
start my own business 내 사업을 시작하다
see the northern lights 북극광을 보다
fly in a hot-air balloon 열기구를 타다
do an extreme sports 익스트림 스포츠를 하다

Q 167

Date. . .

What do you do to stay focused while you're sleepy?

졸릴 때 집중력을 유지하기 위해 무엇을 하나요?

Useful Pattern

I stay focused by ~ 나는 ~해서 집중력을 유지한다.

I stay focused by taking a nap. After a nap, I feel fresh and I can start my work once again.
나는 낮잠을 자서 집중력을 유지한다. 낮잠을 자고 나면, 기분이 상쾌해진 상태에서 다시 일을 시작할 수 있다.

'I stay focused by ~'는 집중력을 유지하는 방법에 대해 말할 때 사용하는 표현이에요. 이때 stay는 '머무르다'라는 의미가 아니라 '~상태로 있다'라는 의미이며, by 뒤에는 '동사원형 + -ing'을 사용할 수 있어요. 또한 I keep concentrating이라고 표현해도 비슷한 의미를 표현할 수 있어요.

On Your Own

Dear diary,

Words & Phrases

take a nap 낮잠을 자다
take breaks 휴식을 취하다
have a cup of coffee 커피를 한잔 마시다
stand up and move around 일어나서 움직이다
wash my face with cold water 찬물로 세수하다

Q 168

Date. . .

What have you been doing lately?

요즘 뭘 하며 지내고 있나요?

Useful Pattern

I've been 동사원형 + -ing lately 나는 요즘 ~하고 있다.

I've been taking a nightly walk lately. It really helps with my diet.
요즘 밤 산책을 하고 있다. 다이어트에 정말 도움이 된다.

'I've been 동사원형 + -ing lately'는 최근 하고 있는 활동이나 최근의 상태에 대해 말할 때 사용할 수 있는 표현이에요. 이때 I've는 I have의 줄임말이며, been 뒤에는 동사원형에 -ing를 붙인 형태를 사용해요. lately(요즘)이라는 표현 대신 for weeks(몇 주 동안), for months(몇 달 동안) 등 다양한 시간 표현을 사용할 수 있어요.

On Your Own

Dear diary,

Words & Phrases

work out 운동하다
eat too much 너무 많이 먹다
work nonstop 쉬지 않고 일하다
take a nightly walk 밤 산책을 하다
chew the matter over
그 문제에 대해 곰곰이 생각하다
spend too much time on the computer 컴퓨터를 하며 너무 많은 시간을 보내다

Q 169

Date. . .

What do you have in common with your friends?

당신은 친구들과 어떤 공통점을 가지고 있나요?

Useful Pattern

We share the same ~ 우린 똑같은 ~를 공유하고 있다.

We share the same sense of humor. That's why we are always laughing together.
우리는 같은 유머 감각을 공유하고 있다. 그래서 우리는 항상 같이 웃는다.

'We share the same ~'는 친구와 공유하고 있는 공통점에 대해 말할 때 사용할 수 있는 표현이에요. 이때 share 대신 have ~ in common 혹은 we have the same이라고 표현해도 같은 의미를 나타낼 수 있어요.

On Your Own

Dear diary,

Words & Phrases

sense of humor 유머 감각
sense of adventure 모험심
secrets 비밀
texting habits 문자 보내는 습관
political views 정치적 견해
taste in music 음악 취향
taste for sweets 단것을 좋아하는 취향

Q 170 Date. . .

What present are you going to give your family members?

당신은 가족에게 어떤 선물을 줄 건가요?

Useful Pattern

I think I am going to give ~ 나는 ~을 줄 것 같다.

I think I am going to give a bouquet of flowers to my grandma. I know she loves tulips.
나는 할머니께 꽃다발을 드릴 것 같다. 할머니께서 튤립을 좋아하시는 걸 안다.

'I think I am going to give ~'는 어떤 사람에게 무엇을 선물할 것인지에 대한 계획을 말할 때 사용할 수 있는 표현이에요. 이때 'give 사물 to 사람'의 형태 대신 'give 사람 + 사물'을 사용해도 같은 의미를 나타낼 수 있어요.

On Your Own

Dear diary,

Words & Phrases

a tablet 태블릿
a bouquet of flowers 꽃다발
a bow-tie 나비넥타이
cash 현금
a fishing rod 낚싯대
a coffee cup 커피잔
a massage chair 안마의자

Q 171

Date.   .   .

What makes you special?

당신은 어떤 점이 특별한가요?

Useful Pattern

~ makes me special 나는 ~이 특별하다.

My ability to speak up makes me special. A lot of people are too shy to say what they want to say.
나는 소신을 말하는 능력이 특별하다. 많은 사람들이 소심해서 자신이 하고 싶은 말을 하지 못한다.

'~ makes me special'은 자신의 특별한 점에 대해 말할 때 사용할 수 있는 표현이에요. 직역하자면 '~이 나를 특별하게 만든다'라는 의미로, '~ 덕분에 내가 특별해져. 나는 ~이 특별해' 정도로 이해할 수 있어요. 이때 자신을 특별하게 만드는 요인을 makes 앞에 넣어요.

On Your Own

Dear diary,

Words & Phrases

my musical talent 음악적 재능
my ability to speak up 소신을 말하는 능력
my caring nature toward other people 다른 사람들을 챙겨주는 성격
my sense of responsibility 나의 책임감

Q 172 Date. . .

What part of the day are you most excited about?

당신은 하루 중 어떤 시간이 가장 기대되나요?

Useful Pattern

I am always excited about ~ 나는 항상 ~이 기대된다.

I am always excited about walking my dog. It is a chance to get out in the fresh air and get rid of stress.
나는 항상 강아지를 산책시키는 것이 기대된다. 밖에서 신선한 공기를 쐬며 스트레스를 해소하는 기회다.

'I am always excited about ~'은 기대되거나 흥분되는 일에 대해 말할 때 사용할 수 있는 표현이에요. 이때 excited는 '들뜬, 흥분한'이라는 의미이며, about 뒤에는 '동사원형 + -ing'의 형태가 사용될 수 있어요. 반면 exciting은 '자극적인, (다른 대상을) 흥분시키는'이라는 의미라는 점에 유의하세요.

On Your Own

Dear diary,

Words & Phrases

eat dessert after dinner
저녁 식사 후 디저트를 먹다
wake up 일어나다
leave work 퇴근하다

talk to my parents on the phone
부모님과 통화하다
read the morning paper
아침 신문을 읽다

Q 173 Date. . .

Which color of clothes do you wear most often?

당신은 어떤 색의 옷을 가장 자주 입나요?

Useful Pattern

~ is my go-to color 나는 ~을 가장 애용한다.

Black is my go-to color. It is so easy to match black with anything.
나는 검은색을 가장 애용한다. 검은색은 어떤 색과도 함께 입기 쉽다.

'~ is my go-to color'는 자신이 가장 자주 찾는 색상에 대해 말할 때 사용할 수 있는 표현이에요. 이때 go-to는 명사와 함께 쓰여서 특정한 목적이나 용도를 위해 찾게 되는 최고의 사람, 사물, 장소 등을 의미해요. my go-to person, my go-to pants, my go-to places 등으로 다양하게 활용된다는 점도 기억하세요.

On Your Own

Dear diary,

Words & Phrases

white 흰색
black 검은색
primary colors 원색인 빨강, 노랑, 파랑
pastel colors 파스텔 색상
vivid colors 선명한 색상
neon colors 형광 색상
neutral colors 무채색

Q 174

Date. . .

What is a bad personality trait someone could have?

누군가가 가질 수 있는 안 좋은 성격에는 무엇이 있을까요?

Useful Pattern

I hate it when someone ~ 나는 누군가 ~할 때 정말 싫다.

I hate it when someone tells lies. You had better not associate with dishonest people.
나는 누군가가 거짓말할 때 정말 싫다. 부정직한 사람들과는 어울리지 않는 편이 낫다.

'I hate it when someone ~'은 자신이 좋지 않게 생각하는 타인의 행동에 대해 말할 때 사용할 수 있는 표현이에요. 이때 hate은 '몹시 싫어하다'의 의미이며, dislike(싫어하다), despise(경멸하다), can't stand(참을 수 없다) 등도 비슷한 의미예요.

On Your Own

Dear diary,

Words & Phrases

talks behind my back 나 몰래 내 흉을 보다
tells lies 거짓말하다
is rude to people 사람들에게 무례하다
lacks empathy 공감을 못 하다
does not admit mistakes 실수를 인정하지 않는다
has a negative attitude 부정적인 태도를 갖다

Q 175

Date. . .

What is one item you always carry in your bag?

항상 가방 속에 가지고 다니는 물건은 무엇인가요?

Useful Pattern

There is always ~ in my bag 내 가방 속에는 항상 ~이 있다.

There is always an umbrella in my bag. You never know when it is going to start raining.
내 가방 속에는 항상 우산이 있다. 언제 비가 오기 시작할지 모르잖아.

'There is always ~ in my bag'은 가방 속에 항상 소지하고 있는 물건에 대해 말할 때 사용할 수 있는 표현이에요. 이때 There is ~는 '~이 있다'라는 의미로 뒤에 따라오는 명사가 단수일 때는 is를, 복수일 때는 are를 사용해요.

On Your Own

Dear diary,

Words & Phrases

pepper spray 호신용 스프레이
an umbrella 우산
a bottle of water 생수병
eye drops 인공 눈물
a phone charger 휴대폰 충전기
allergy medication 알레르기약
a pen and paper 펜과 종이

Q 176

Date. . .

Is there an electronic device you can't live without?

이것 없이는 살 수 없다 하는 전자기기가 있나요?

Useful Pattern

~ is a must-have item ~는 필수품이다.

A tablet is a must-have item. It is easy to carry around, and you can put multiple books on it.
태블릿이 필수품이다. 들고 다니기도 쉽고, 여러 책을 담아서 다닐 수 있다.

'~ is a must-have item'은 없어서는 안 될 필수품에 대해 말할 때 사용할 수 있는 표현이에요. 이때 a must-have item은 '필수품'이라는 의미로 a must 혹은 a necessity로도 바꿔 쓸 수 있어요. 또한 I can't live without ~(나는 ~ 없이는 살 수가 없다)라고 해도 비슷한 의미를 나타낼 수 있어요.

On Your Own

Dear diary,

Words & Phrases

a laptop 노트북
a cellphone 휴대전화
an electric kettle 전기 주전자
a tablet 태블릿
an electric shaver 전기 면도기
a hair dryer 헤어 드라이어
a bluetooth speaker 블루투스 스피커

Q 177

Date. . .

What is the best way to learn a new language?

새로운 언어를 배우는 최고의 방법은 무엇인가요?

Useful Pattern

~ works the best ~가 가장 도움이 된다.

Listening to music in that language works the best. It is both fun and educational.
그 언어로 된 노래를 듣는 게 가장 도움이 된다. 재미도 있고 배울 수도 있는 방법이다.

'~ works best'는 가장 효과가 좋은 방법에 대해 말할 때 사용할 수 있는 표현이에요. 이때 works 앞에는 '동사원형 + -ing'의 형태를 사용할 수 있어요. 여기서 works best 대신 is effective라는 표현을 사용해도 비슷한 의미를 나타낼 수 있어요.

On Your Own

Dear diary,

Words & Phrases

live in a country that speaks the language 그 언어를 쓰는 나라에서 살아본다
listen to music in that language 그 언어로 된 노래를 듣는다
study the grammar 문법을 공부한다
watch television shows in that language 그 언어로 된 TV 프로그램을 시청한다

Q 178

Date. . .

At what point in the day do you usually take a nap?

당신은 보통 하루 중 언제 낮잠을 자나요?

Useful Pattern

I usually take a nap ~ 나는 보통 ~에 낮잠을 잔다.

I usually take a nap after lunch. A full stomach always makes me sleepy.
나는 보통 점심을 먹고 낮잠을 잔다. 배가 부르면 항상 졸리거든.

'I usually take a nap ~'은 보통 언제 낮잠을 자는지에 대해 말할 때 사용할 수 있는 표현이에요. 이때 after/before ~(~ 후에/전에)뿐 아니라, between ~(~ 사이에), whenever ~(~할 때마다) 등 다양한 시간 표현을 함께 사용할 수 있어요.

On Your Own

Dear diary,

Words & Phrases

after lunch 점심을 먹고
between classes 수업 사이에
after working out 운동하고 나서
after school 방과 후에
in class 수업 중에
whenever I feel like it 내킬 때마다
whenever possible 가능할 때마다

Q 179 Date. . .

What kind of film would you like to make?

당신은 어떤 영화를 만들어보고 싶나요?

Useful Pattern

I would like to make ~ 나는 ~를 만들어보고 싶다.

I would like to make a documentary. I think there is just so much to learn from documentaries.
나는 다큐멘터리를 만들어보고 싶다. 나는 다큐멘터리에서 배울 점이 참 많다고 생각한다.

'I would like to make ~'는 자신이 만들어보고 싶은 대상에 대해 말할 때 사용할 수 있는 표현이에요. 이때 would like to는 '~하고 싶다'라는 의미로, 'd like to로 줄여서 표현할 수도 있어요. If I were a movie director(만약 내가 영화 감독이라면)와 같은 표현을 추가하여 가정임을 명확히 할 수도 있어요.

On Your Own

Dear diary,

Words & Phrases

adventure movies 모험 이야기를 담은 영화
non-fiction movies 실화를 바탕으로 한 영화
martial arts action movies 무술 액션 영화
black comedy movies 블랙 코미디 영화
zombie horror movies 좀비 공포 영화
sci-fi movies 공상과학 영화

Q 180

Date. . .

What do you make sure to do before you leave the house?

외출 전에 꼭 하는 일은 무엇인가요?

Useful Pattern

I make sure to ~ before going out 나는 외출 전에 꼭 ~ 한다.

I make sure to turn off the lights before going out. It helps save on the electricity bills.

나는 외출 전에 꼭 전등을 끈다. 전기요금을 절약하는 데 도움이 된다.

'I make sure to ~ before going out'은 외출 전에 반드시 하는 일에 대해 말할 때 사용할 수 있는 표현이에요. 이때 make sure to는 '반드시 하다, 확실하게 하다'라는 의미이며, I make it a rule to로 바꿔서 표현할 수도 있어요.

On Your Own

Dear diary,

Words & Phrases

turn off the gas 가스를 잠근다
turn off the lights 전등을 끄다
close the windows 창문을 닫다
lock the door 문을 잠근다
take out the garbage 쓰레기를 내다 놓다
water my plants 화분에 물을 주다
unplug the appliances 가전제품의 플러그를 뽑다

Date. . .

How do you pass time?

당신은 비는 시간을 어떻게 보내나요?

Useful Pattern

Time flies when I ~ ~하면 시간이 금방 간다.

Time flies when I watch movies. It is one of my pleasures in life.
영화를 보면 시간이 금방 간다. 그건 내 삶의 즐거움 중 하나다.

'Time flies when I ~'는 시간을 보내는 방법에 대해 말할 때 사용할 수 있는 표현이에요. 이때 time flies는 '시간이 빨리 간다'라는 의미이며, time passes quickly로 바꿔서 표현할 수도 있어요.

On Your Own

Dear diary,

Words & Phrases

watch movies 영화를 보다
read a book 책을 읽다
write a journal 일기를 쓰다
organize a trip 여행을 계획하다
chat to my neighbor 이웃과 이야기하다
snap a photo out of the window 창밖 사진을 찍다

Q 182

Date. . .

How do you find answers to questions?

의문에 대한 답을 어떻게 찾나요?

Useful Pattern

I usually ~ to look for my answers 보통 나는 답을 찾기 위해 ~한다.

I usually search online to look for my answers. It helps me arrive at my own conclusion.

보통 나는 답을 찾기 위해 온라인으로 검색한다. 나만의 답을 찾을 수 있게 해준다.

'I usually ~ to look for my answers'는 답을 찾기 위한 방법에 대해 말할 때 사용할 수 있는 표현이에요. 이때 look for는 '~를 찾다'라는 의미로 search for로도 바꿔쓸 수 있어요. 또한 to 혹은 in order to를 동사원형 앞에 붙여 '~하기 위해'라는 의미를 나타낼 수 있어요.

On Your Own

Dear diary,

Words & Phrases

search online 온라인으로 검색하다
consult with my friends 친구들과 상의하다
read encyclopedias 백과사전을 읽다
reach out to experts 전문가에게 물어보다
ask my parents 부모님께 여쭤보다
read different articles 다양한 기사를 읽다

Q 183

Date. . .

What was your favorite toy as a child?

어렸을 때 가장 좋아했던 장난감은 무엇인가요?

Useful Pattern

I used to play with ~ as a child 나는 어렸을 때 ~를 가지고 놀았었다.

I used to play with a teddy bear as a child. I might still have it somewhere in the house.
나는 어렸을 때 테디베어를 가지고 놀았었다. 우리 집 어딘가에 아직 있을 수도 있다.

'I used to play with ~ as a child'는 어렸을 때 즐겨 가지고 놀았던 장난감에 대해 말할 때 사용할 수 있는 표현이에요. 이때 used to는 '(과거에) ~했다'라는 의미로 to 뒤에는 동사원형을 사용해요. 단 '~에 익숙하다'라는 의미의 be used to와 혼동하지 않도록 주의하세요.

On Your Own

Dear diary,

Words & Phrases

modeling clay 공작용 점토
colored blocks 색깔 블록
a plastic sword 플라스틱 칼
a teddy bear 테디 베어
stickers 스티커
a toy sports car 장난감 스포츠카
a plastic water gun 플라스틱 물총

Q 184 Date. . .

How can you travel cheap?

저렴하게 여행하는 방법이 있나요?

Useful Pattern

It's always a good idea to ~ ~하는 것은 항상 좋은 생각이다.

Eating out every meal can get expensive. So when travelling, it's always a good idea to bring your own food.

매끼를 외식하는 것은 돈이 많이 들 수 있다. 그래서 여행할 때 먹을 음식을 가져가는 것은 항상 좋은 생각이다.

'It's always a good idea to ~'은 참고하면 좋을 조언이나 제안을 할 때 사용하는 표현이에요. 이때 It's always a good idea to 뒤에는 동사원형을 사용해요.

On Your Own

Dear diary,

Words & Phrases

travel during off-peak seasons 비수기에 여행하다
fly with a budget airline 저가 항공사를 이용하다
take a road trip 장거리 자동차 여행을 한다
find a free place to stay 공짜로 묵을 수 있는 곳을 찾다

Q 185

Date. . .

How can you improve your personal hygiene?

어떻게 위생 상태를 개선할 수 있을까요?

Useful Pattern

~ is the first step to good personal hygiene ~은 개인 위생을 지키는 첫걸음이다.

Washing your hands frequently is the first step to good personal hygiene. Simply washing hands can prevents serious diseases.
손을 자주 씻는 것은 개인 위생을 지키는 첫걸음이다. 단순히 손을 씻는 것으로 심각한 질병을 막을 수 있다.

'~ is the first step to good personal hygiene'은 개인 위생을 지키는 방법에 대해 말할 때 사용하는 표현이에요. 여기서 'the first step to ~'는 '~에 이르는 첫걸음'이라는 의미로, 어떤 목표에 이르기 위해 가장 먼저 해야 할 일을 나타낼 때 사용해요.

On Your Own

Dear diary,

Words & Phrases

get restful sleep 푹 잔다
take a shower every day 매일 샤워를 한다
wash your hands frequently 손을 자주 씻는다
avoid sharing towels 수건을 같이 쓰지 않는다

Q 186

Date. . .

What household chore do you do at home?

당신은 집에서 어떤 집안일을 하나요?

Useful Pattern

I'm in charge of ~ 나는 ~를 책임지고 있다.

I'm in charge of doing the dishes. Shiny, clean dishes always make me happy.
나는 설거지 담당이다. 반짝반짝 빛나는 깨끗한 접시는 항상 나를 행복하게 만든다.

'I'm in charge of ~'는 자신이 책임지고 있는 일에 대해 말할 때 사용할 수 있는 표현이에요. charge는 '요금, 고발, 비난' 등의 다양한 의미가 있지만, 여기서는 '책임'이라는 의미로 쓰였어요.

On Your Own

Dear diary,

Words & Phrases

do the dishes 설거지하다
do laundry 빨래하다
prepare meals 식사를 준비하다
clean the bathroom 화장실을 청소하다
mow the lawn 잔디를 깎다
take out the trash 쓰레기를 내다 버리다
vacuum the floor 진공청소기로 바닥을 청소하다

Q 187

Date. . .

What hairstyle would you like to try?

어떤 헤어스타일을 시도해보고 싶나요?

Useful Pattern

I'll have my hair ~ 나는 머리를 ~할 것이다.

I'll have my hair permed. I think permed hair will be more manageable in the morning.
나는 머리를 파마할 거다. 파마한 머리가 아침에 손질하기 더 편할 것이다.

'I'll have my hair ~'라는 패턴을 사용해서 머리 손질 방식을 표현할 수 있어요. 이때 my hair 뒤에 과거분사를 사용할 경우, 내가 직접 머리를 손질하는 것이 아니라 미용실에서 서비스를 받았다는 의미예요. 또한 have 대신 get을 사용해도 같은 의미를 나타낼 수 있어요.

On Your Own

Dear diary,

Words & Phrases

dye 염색하다
cut 자르다
trim 다듬다
perm 파마하다
straighten 펴다
trim 다듬다
shave 면도하다

Q 188

Date. . .

How can you stop impulse buying?

당신은 어떻게 충동구매를 멈출 수 있나요?

Useful Pattern

~ saves me from spending too much ~하면 돈을 너무 많이 쓰는 걸 막을 수 있다.

Spending with cash saves me from spending too much. When I mindlessly tap my card, I don't think about the amount I'm spending.
현금으로 구입하면 돈을 너무 많이 쓰는 걸 막을 수 있다. 생각 없이 신용카드를 사용할 때는 내가 쓰는 금액에 대해서 생각을 안 한다.

'~ saves me from spending too much'는 지나친 소비를 막는 방법에 대해 말할 때 사용하는 표현이에요. 'save me from + 동사원형 + -ing'는 '나를 ~에서 구해주다'라는 의미로, save 대신 stop, keep, prevent 등의 동사를 사용할 수도 있어요.

On Your Own

Dear diary,

Words & Phrases

make a budget 예산을 세운다
spend with cash 현금으로 구입한다
block shopping sites
쇼핑 사이트를 차단하다
wait a day before purchasing
구매 전 하루를 기다린다
take only one credit card
신용카드를 한 장만 들고 간다

Q 189

Date. . .

How do you get rid of hiccups instantly?

어떻게 딸꾹질을 즉시 없앨 수 있나요?

Useful Pattern

~ can get rid of hiccuping in no time ~하면 딸꾹질을 즉시 없앨 수 있다.

Holding my breath can get rid of hiccuping in no time. I inhale a large gulp of air and hold it for 30 seconds.
숨을 참으면 딸꾹질을 즉시 없앨 수 있다. 나는 숨을 크게 들이마시고 30초간 숨을 참는다.

'~ can get rid of hiccuping in no time'은 즉시 딸꾹질을 멈추는 방법에 대해 말할 때 사용하는 표현이에요. 여기서 get rid of는 '없애다'라는 뜻이며, in no time은 '당장'이라는 의미예요. get rid of 대신 stop을, in no time 대신 instantly를 사용할 수도 있어요.

On Your Own

Dear diary,

Words & Phrases

plug my ears 귀를 막는다
hold my breath 숨을 참는다
drink a glass of water quickly 물 한잔을 빨리 마신다
stick out my tongue 혀를 내민다
bite on a lemon 레몬을 베어 문다
rub the back of my neck 목 뒤를 문지른다

 Date. . .

How do you stay warm in winter?

어떻게 겨울에도 따뜻하게 지내나요?

Useful Pattern

~ can make a difference ~하는 것이 효과가 있다.

Wearing thick socks can make a difference when cold. Keeping my feet warm makes my whole body feel warmer.
두꺼운 양말을 신는 것이 추울 때는 효과가 있다. 발을 따뜻하게 하면 몸 전체가 따뜻하게 느껴진다.

'~ can make a difference'는 뭔가에 효과가 있는 방법에 대해 말할 때 사용하는 표현이에요. 여기서 make a difference의 글자 그대로의 의미는 '차이를 만들다'로, 문맥상 '영향을 미치다, 효과가 있다'라고 이해할 수 있어요.

On Your Own

Dear diary,

Words & Phrases

stay active 몸을 계속 움직인다
use a humidifier 가습기를 사용한다
dress in layers 옷을 여러 겹 입는다
use heating pads 보온 패드를 사용하다
wear thick socks 두꺼운 양말을 신는다
enjoy a cup of soup 수프 한 그릇을 먹는다
drink warm beverages 따뜻한 음료를 마신다

Q 191

Date. . .

How do you save time in the morning?

아침에 어떻게 시간을 절약하나요?

Useful Pattern

I can save a lot of time in the morning if ~ ~하면 아침에 많은 시간을 절약할 수 있다.

I can save a lot of time in the morning if I shower at night. It also helps me relax after a busy and hectic day.
샤워를 밤에 하면 아침에 상당한 시간을 절약할 수 있다. 또 바쁘고 정신없는 하루를 보낸 뒤 긴장을 푸는 데도 도움이 된다.

'I can save a lot of time in the morning if ~'는 아침에 시간을 절약하는 방법에 대해 말할 때 사용하는 표현이에요. 여기서 save a lot of time은 '많은 시간을 절약하다'라는 의미로, get ready faster로도 비슷한 의미를 나타낼 수 있어요.

On Your Own

Dear diary,

Words & Phrases

pack my bag 가방을 싸둔다
pick out my outfit 옷을 골라놓는다
make lunch 점심 도시락을 만들어놓는다
check the next day's forecast 다음 날 일기예보를 확인해놓는다
write down the next day's to-do list 다음 날 해야 할 일의 목록을 적어놓는다

Q 192

Date. . .

What do you do to make the most of the spring?

봄을 만끽하기 위해 어떤 활동을 하나요?

Useful Pattern

I ~ to make the most of the spring 나는 ~하며 봄을 만끽한다.

I fly a kite to make the most of the spring. The spring winds are perfect for kite flying.
나는 연을 날리며 봄을 만끽한다. 봄바람은 연날리기에 완벽하다.

'I ~ to make the most of the spring'은 봄을 만끽하기 위해 즐겨하는 행동에 대해 말할 때 사용하는 표현이에요. 이때 make the most of는 '최대한 이용하다' 혹은 '최대한 즐기다'의 의미로, enjoy the spring as much as possible로 바꿔 표현할 수도 있어요.

On Your Own

Dear diary,

Words & Phrases

ride a bike 자전거를 탄다
fly a kite 연을 날린다
go on a picnic 소풍을 간다
plant a garden 정원을 가꾼다
make a flower bouquet 꽃다발을 만든다
go to a baseball game 야구 경기에 간다
visit a tulip field 튤립이 핀 들판을 찾아간다

Q 193

Date. . .

How does the weather effect how you feel?

날씨가 당신의 기분에 어떤 영향을 미치나요?

Useful Pattern

~ weather makes me feel 형용사 ~ 날씨는 나를 ~하게 한다.

Usually, sunny weather makes me feel so excited. I can do whatever I want when it is sunny.
화창한 날씨는 나를 정말 들뜨게 한다. 날씨가 화창할 때는 원하는 모든 걸 할 수 있다.

'~ weather makes me feel + 형용사'는 날씨가 기분에 미치는 영향에 대해 말할 때 사용할 수 있는 표현이에요. 이때 'feel + 형용사'는 '~하게 느끼다'라는 의미로, 우리말로는 '~하게'라고 해석되지만 형용사를 사용한다는 점에 유의하세요.

On Your Own

Dear diary,

Words & Phrases

rainy/sad 비 오는/슬픈
sunny/excited 화창한/들뜬
cloudy/down 구름이 낀/처지는
sizzling hot/dizzy 찌는 듯이 더운/어지러운
snowy/fresh 눈이 오는/상쾌한
dry/thirsty 건조한/목이 마른
humid/frustrated 습한/짜증이 난

Q 194

Date. . .

What item do you have in your fridge all the time?

냉장고에 항상 두는 것은 무엇인가요?

Useful Pattern

I have ~ in my fridge all the time 냉장고에 항상 ~이 있다.

I have a tub of yogurt in my fridge all the time. I have it for breakfast every day.
냉장고에 항상 요구르트 한 통이 있다. 매일 아침으로 요구르트를 먹는다.

'I have ~ in my fridge all the time'은 냉장고에 항상 구비되어 있는 물품에 대해 말할 때 사용할 수 있는 표현이에요. 이때 fridge는 '냉장고'라는 의미로, refrigerator로 바꿔 쓸 수 있어요. 또한 There is always ~ in my fridge라고 해도 비슷한 의미를 나타낼 수 있어요.

On Your Own

Dear diary,

Words & Phrases

bottled water 생수
potatoes 감자
dairy products 유제품
leftovers 남은 음식
a tub of yogurt 요구르트 한 통
precooked meals 반조리 식품
fruits and vegetables 과일과 채소

Q 195 Date. . .

What do you love about spring?

당신은 어떤 점 때문에 봄을 좋아하나요?

Useful Pattern

Spring is the best season because ~ ~ 때문에 봄은 최고의 계절이다.

Spring is the best season because I can leave my windows open. A refreshing breeze always brightens up my mood.
창문을 열어둘 수 있어서 봄은 최고의 계절이다. 상쾌한 산들바람은 항상 내 기분을 밝게 해준다.

'Spring is the best season because ~'는 봄이 좋은 이유에 대해 말할 때 사용하는 표현이에요. 이때 'because 주어 + 동사' 혹은 'because of 명사'로 이유를 설명할 수 있어요. 또한 'I love spring because ~'라고 표현해도 비슷한 의미를 나타낼 수 있어요.

On Your Own

Dear diary,

Words & Phrases

the days get longer 낮이 길어지다
the grass turn green 잔디가 푸르러지다
the butterflies return 나비들이 돌아오다
the flowers are in bloom 꽃들이 활짝 피다
I can leave my windows open 창문을 열어놓을 수 있다

Q 196

Date. . .

What is the best way to start writing?

글을 쓰는 최고의 방법은 무엇인가요?

Useful Pattern

I believe ~ is the best way to start 나는 ~이 시작하는 가장 좋은 방법이라고 생각한다.

I believe outlining is the best way to start writing.
나는 개요를 짜는 것이 글을 시작하는 가장 좋은 시작 방법이라고 생각한다.

'I believe ~ is the best way to start'는 시작하는 가장 좋은 방법에 대해 말할 때 사용할 수 있는 표현이에요. 이때 is 앞에는 '동사원형 + -ing'의 형태를 사용할 수 있어요. 여기서 the best way to start는 the best way to start a conversation(대화를 시작하는 가장 좋은 방법)처럼 다른 일을 시작하는 방법에 대해 말할 때도 사용할 수 있어요.

On Your Own

Dear diary,

Words & Phrases

outline 개요를 작성하다
discuss the topic with my friends 친구들과 주제에 대해 이야기 나누다
brainstorm 브레인스토밍하다
read others' works 다른 사람들의 글을 읽어보다
research online 온라인으로 조사해보다
freewrite 자유롭게 써보다

Q 197

Date.   .   .

What is your secret skill?

당신의 숨겨진 기술은 무엇인가요?

Useful Pattern

I hate to admit that I can ~ 인정하고 싶진 않지만 나는 ~을 할 수 있다.

I hate to admit that I can touch my nose with my tongue. This secret skill is a great way to make people laugh.
인정하고 싶진 않지만 나는 혀가 코에 닿을 수 있다. 이 비밀 기술은 사람들을 웃게 만드는 훌륭한 방법이다.

'I hate to admit that I can ~'는 선뜻 말하기 힘든 특별한 재주에 대해 말할 때 사용할 수 있는 표현이에요. 이때 admit은 '인정하다'라는 의미로 뒤에 'to + 동사원형 + -ing' 혹은 'that 주어 + 동사'의 형태가 이어질 수 있어요.

On Your Own

Dear diary,

Words & Phrases

wiggle my ears 귀를 움직이다
cross my eyes 눈을 모으다
raise one eyebrow 한쪽 눈썹을 올리다
write with both hands 양손으로 글씨를 쓰다
touch my nose with my tongue 혀가 코에 닿다

Q 198

Date. . .

How do you get to school/work?

당신은 학교/직장에 어떻게 가나요?

Useful Pattern

Normally, I get to school/work by ~ 나는 보통 ~로 등교/출근한다.

Normally, I get to school by walking with my friends. It is hard to walk in the winter because it is so cold.
나는 보통 친구들과 걸어서 등교한다. 겨울에는 너무 추워서 걸어가기 힘들다.

'Normally, I get to school/work by ~'는 등교/출근할 때의 교통수단에 대해 말할 때 사용할 수 있는 표현이에요. 이때 get to는 '~에 도착하다, 이르다'라는 의미이며, by 뒤에는 교통수단에 해당하는 표현이 올 수 있어요.

On Your Own

Dear diary,

Words & Phrases

ride a bike 자전거를 타다
take the subway 지하철을 타다
take the school bus 학교 버스를 타다
walk with my friends 친구들과 함께 걷다
drive my car 직접 운전하다
take a taxi 택시를 타다
ride a skateboard 스케이트보드를 타다

Q 199 Date. . .

What is your favorite memory from the year?

올해 중 가장 마음에 드는 기억은 무엇인가요?

Useful Pattern

The best memory I have from the year is ~ 올해 내가 가장 좋았던 기억은 ~다.

The best memory I have from the year is celebrating Christmas at home. Normally, I am oversees for school during that time.
이번 해에 유일하게 좋은 기억은 집에서 크리스마스를 보냈다는 것이다. 보통은 학교에 다니느라 그 시기에 해외에 있다.

'The best memory I have from the year is ~'는 올해 가장 좋았던 기억에 대해 말할 때 사용할 수 있는 표현이에요. 이때 I have from the year가 the best memory를 수식하며 is 뒤에는 '동사원형 + -ing' 혹은 'to + 동사원형'이 올 수 있어요.

On Your Own

Dear diary,

Words & Phrases

go to Bali with my family 가족들과 발리에 가다
celebrate Christmas at home 집에서 크리스마스를 보내다
run a marathon 마라톤을 완주하다
watch a musical 뮤지컬을 보다
get a promotion 승진하다
adopt a dog 반려견을 입양하다

Q 200 Date. . .

What do you think is the greatest invention of all time?

당신은 가장 위대한 발명품이 뭐라고 생각하나요?

Useful Pattern

I would say the greatest invention is ~ 나는 ~이 가장 위대한 발명품이라고 생각한다.

I would say the greatest invention is a laptop. I cannot take online classes without it.
나는 노트북이 가장 위대한 발명품이라고 생각한다. 그게 없이는 온라인 수업을 들을 수가 없다.

'I would say the greatest invention is ~'는 자신이 생각하는 가장 위대한 발명품에 대해 말할 때 사용할 수 있는 표현이에요. 이때 I would say는 '내 생각에는'이라는 의미로, 자신의 생각을 완곡하게 나타낼 때 사용할 수 있으며 I'd say로 줄여서 표현할 수도 있어요.

On Your Own

Dear diary,

Words & Phrases

a blender 믹서기
a pencil sharpener 연필깎이
a light bulb 전구
a laptop 노트북
a washing machine 세탁기
a microwave oven 전자레인지
a vacuum cleaner 진공청소기

Q 201 Date. . .

What was your greatest childhood fear?

어린 시절 당신이 가장 무서워했던 것은 무엇인가요?

Useful Pattern

~ was/were my greatest childhood fear 나는 어린 시절 ~를 가장 무서워했다.

Clowns were my greatest childhood fear. I wasn't able to look at their red noses!
나는 어린 시절 광대를 가장 무서워했다. 그들의 빨간 코를 쳐다볼 수가 없었다.

'~ was/were my greatest childhood fear'는 자신이 어린 시절 가장 무서워했던 대상에 대해 말할 때 사용할 수 있는 표현이에요. 이때 childhood fear는 '어린 시절 무서워했던 것'이라는 의미로 childhood phobia로 바꿔 표현해도 비슷한 의미를 나타낼 수 있어요.

On Your Own

Dear diary,

Words & Phrases

spiders 거미
darkness 어둠
ghosts 귀신
clowns 광대
thunderstorms 천둥 번개
being home alone 집에 혼자 있는 것
being kidnapped 납치당하는 것

Q 202

Date. . .

Give one reason why you like the snow.

눈을 좋아하는 이유 한 가지를 말해주세요.

Useful Pattern

The snow gives me a chance to ~ 눈이 내리면 ~할 수 있다.

The snow gives me a chance to see a winter wonderland. Everything looks beautiful with some snow on top of it.
눈이 내리면 겨울 동화 나라를 볼 수 있다. 눈이 쌓이면 모든 것이 아름다워 보인다.

'The snow gives me a chance to ~'는 눈 오는 날 할 수 있는 일에 대해 말할 때 사용할 수 있는 표현이에요. 이 표현을 글자 그대로 해석하면 '눈이 내게 ~할 기회를 준다'로 결국 '눈이 내리면 ~할 수 있다'라는 의미로 이해할 수 있어요.

On Your Own

Dear diary,

Words & Phrases

make a snowman 눈사람을 만들다
have a snowball fight 눈싸움을 하다
go sledding 썰매를 타러 가다
go skiing 스키를 타러 가다
work from home 재택근무하다
have a hot chocolate 코코아를 마시다

Q 203 Date. . .

What makes someone a good listener?

남의 말에 귀 기울이는 사람이 되려면 어떻게 해야 할까요?

Useful Pattern

In order to be a good listener, you should ~ 경청하기 위해서는 ~ 해야 한다.

In order to be a good listener, you should not interrupt. Good listeners simply listen until the speaker's finished.
경청하기 위해서는 끼어들어서는 안 된다. 경청하는 사람은 말하는 사람이 다 끝마칠 때까지는 듣기만 한다.

'In order to be a good listener, you should ~'는 경청을 하는 자세에 대해 조언할 때 사용할 수 있는 표현이에요. 이때 a good listner는 '경청하는 사람, 남의 말에 귀 기울이는 사람'이라는 의미이며, In order to be a good listener를 줄여서 To be a good listener로 표현할 수도 있어요.

On Your Own

Dear diary,

Words & Phrases

not interrupt 끼어들지 않다
empathize 공감하다
react appropriately 적절하게 반응하다
maintain eye contact 눈 마주침을 유지하다
be attentive 주의를 기울이다
not jump to give advice 성급하게 조언을 하지 않는다

Q 204

Date. . .

What is a habit of successful people?

성공하는 사람들의 습관은 무엇인가요?

Useful Pattern

Successful people doesn't underestimate the importance of ~

성공하는 사람들은 ~의 중요성을 과소평가하지 않는다.

Successful people doesn't underestimate the importance of enough sleep. Sleep boosts memory and learning.

성공하는 사람들은 충분한 수면의 중요성을 과소평가하지 않는다. 수면은 기억과 학습을 향상시킨다.

'Successful people don't underestimate the importance of ~'는 성공하는 사람들이 중요하게 생각하는 요소에 대해 말할 때 사용할 수 있는 표현이에요. 이때 underestimate는 '과소평가하다'라는 의미로 don't underestimate는 결국 '중요하게 여기다'라고 이해할 수 있어요.

On Your Own

Dear diary,

Words & Phrases

take notes 필기하다
enough sleep 충분한 수면
a study group 스터디 그룹
ask questions 질문하기
a review 복습
a good posture 좋은 자세

Q 205

Date. . .

Who do you think is the greatest person in history?

당신이 생각하기에 역사 속 가장 위대한 인물은 누구인가요?

Useful Pattern

I think the greatest person in history is ~ 역사 속 가장 위대한 인물은 ~라고 생각한다.

I think the greatest person in history is Einstein. Everyone would agree that he is a genius.
역사 속 가장 위대한 인물은 아인슈타인이라고 생각한다. 모든 사람이 그가 천재였다는 사실에 동의할 거다.

'I think the greatest person in history is ~'는 자신이 생각하는 역사 속 위대한 인물에 대해 말할 때 사용할 수 있는 표현이에요. 이때 the great person in(of) history는 '역사상의 위대한 인물'이라는 의미이며, I think 대신 In my opinion으로 바꿔 표현할 수도 있어요.

On Your Own

Dear diary,

Words & Phrases

King Sejong 세종대왕
President Lincoln 링컨 대통령
Steve Jobs 스티브 잡스
Jane Austen 제인 오스틴
Einstein 아인슈타인
Martin Luther King Jr. 마틴 루터 킹 주니어

Q 206

Date. . .

What kind of stories do you hate?

당신은 어떤 종류의 이야기를 싫어하나요?

Useful Pattern

I hate stories with ~ 나는 ~가 있는 이야기는 싫어한다.

I hate stories with too many characters. I always have a hard time following them.
나는 너무 많은 등장인물이 나오는 이야기를 싫어한다. 그런 이야기는 이해하는 데 항상 어려움을 겪는다.

'I hate stories with ~'는 자신이 싫어하는 종류의 이야기에 대해 말할 때 사용할 수 있는 표현이에요. 이때 전치사 with는 '~이 있는'이라는 '소유'의 의미로 뒤에 명사구가 올 수 있어요. 또한 I dislike stories which have로 바꿔도 비슷한 의미를 나타낼 수 있어요.

On Your Own

Dear diary,

Words & Phrases

too many characters 너무 많은 등장인물
too much detail 너무 많은 세부사항
an open ending 열린 결말
violent elements 폭력적인 요소
a twist ending 반전 결말
swear words 욕설

Q 207

Date. . .

Where would you like to go for vacation?

휴가 때 어디에 가고 싶나요?

Useful Pattern

I would like to go to ~ for vacation 나는 휴가 때 ~에 가고 싶다.

I would like to go to a town with hot springs for vacation. The mineral water in hot springs relaxes my tense muscles.
나는 휴가 때 온천 마을에 가고 싶다. 온천의 광천수가 긴장한 근육을 풀어준다.

'I would like to go to ~ for vacation'은 휴가 때 가고 싶은 장소에 대해 말할 때 사용할 수 있는 표현이에요. 이때 for vacation은 '휴가를 위해'라는 의미로, for a holiday나 to go on vacation으로 바꿔 표현할 수도 있어요.

On Your Own

Dear diary,

Words & Phrases

the countryside 시골
an island 섬
a ski resort 스키 리조트
a town with hot springs 온천 마을
a ranch 목장
a national park 국립공원
a historical place 역사 유적지

Q 208 Date. . .

What would you bring with you if you went hiking?

등산을 간다면 무엇을 가지고 갈 건가요?

Useful Pattern

I would bring ~ on a hike 나는 등산 갈 때 ~을 가지고 갈 것이다.

I would bring two bottles of water on a hike. I know one bottle is not enough for me.
나는 등산 갈 때 물을 두 병 가지고 갈 것이다. 한 병으로는 부족하다는 걸 안다.

'I would bring ~ on a hike'는 등산 갈 때 가지고 가야 할 물건에 대해 말할 때 사용할 수 있는 표현이에요. 이때 on a hike는 '등산 갈 때'라는 의미로 when I go on a hike 혹은 if I go on a hike로 바꿔 표현할 수도 있어요.

On Your Own

Dear diary,

Words & Phrases

an energy bar 에너지바
a portable battery 휴대용 배터리
a blanket 담요
a hand warmer 손난로
two bottles of water 물 두 병
trekking poles 등산용 지팡이
sunscreen 자외선 차단제

Date. . .

When do you fall asleep?

당신은 언제 잠이 드나요?

Useful Pattern

While I am ~, I often fall asleep ~하는 동안 나는 종종 잠이 든다.

While I am sitting in the back seat of a car, I often fall asleep. The gentle rocking movement of the car makes me sleepy.
차 뒷자리에 타고 가는 동안 나는 종종 잠이 든다. 나는 차가 부드럽게 흔들리면 잠이 온다.

'While I am ~, I often fall asleep'은 종종 잠이 드는 상황에 대해 말할 때 사용할 수 있는 표현이에요. 이때 'While I am 동사원형 + -ing'는 '내가 ~하는 동안'이라는 의미로, I am을 생략하고 'While 동사원형 + -ing'만 사용할 수도 있어요.

On Your Own

Dear diary,

Words & Phrases

watch a documentary 다큐멘터리를 시청하다
sit in the back seat of a car 차 뒷자리에 타다
solve math problems 수학 문제를 풀다
meditate 명상하다
attend a lecture 강의를 듣다
take a hot bath 뜨거운 물에 목욕을 하다

Q 210 Date. . .

Which foreign language are you interested in learning? And why?

당신은 어떤 외국어를 배우는 데 관심이 있나요? 이유가 뭔가요?

Useful Pattern

I want to be able to ~ 나는 ~ 할 수 있으면 좋겠다.

I am interested in learning English. I want to be able to work abroad.
나는 영어를 배우는 데 관심이 있다. 해외에서 일할 수 있으면 좋겠다.

'I want to be able to ~'는 갖출 수 있기를 바라는 능력에 대해 말할 때 사용할 수 있는 표현이에요. 이때 be able to는 '~할 수 있다'라는 '능력, 가능'의 의미이며, I wish I would be able to로 바꿔 표현할 수도 있어요.

On Your Own

Dear diary,

Words & Phrases

study abroad 해외에서 공부하다
work abroad 해외에서 일하다
travel on my own 혼자 여행하다
speak to more people 더 많은 사람과 대화하다
broaden my career options 직업 선택의 기회를 넓히다

Q 211 Date. . .

If you could be anyone, who would you be?

당신이 누구든 될 수 있다면, 누가 될 건가요?

Useful Pattern

If I could be anyone, I would be ~ 내가 누구든 될 수 있다면, 나는 ~가 될 것이다.

If I could be anyone, I would be a millionaire. I would throw a big party every week.
내가 누구든 될 수 있다면, 나는 백만장자가 될 거다. 나는 성대한 파티를 매주 열 것이다.

'If I could be anyone, I would be ~'는 되고 싶은 사람이 누구든 그 사람이 될 수 있다는 상상에 대해 말할 때 사용할 수 있는 표현이에요. 이때 상상임을 나타내기 위해 'If I 과거동사, I 조동사의 과거형 + 동사원형'의 형태를 사용했음에 유의하세요.

On Your Own

Dear diary,

Words & Phrases

a movie star 영화배우
a millionaire 백만장자
an invisible man 투명 인간
a psychic 초능력자, 심령술사
a best-selling author 베스트셀러 작가
a supermodel 슈퍼모델
a professor 교수

Q 212

Date. . .

What is your favorite ice cream flavor?

가장 좋아하는 아이스크림 맛은 무엇인가요?

Useful Pattern

I like all flavors, but my favorite is ~ 모든 맛을 좋아하지만, 내가 가장 좋아하는 맛은 ~다.

I like all flavors, but my favorite is green tea. It's not too sweet.
모든 맛을 좋아하지만, 내가 가장 좋아하는 맛은 녹차다. 너무 달지 않다.

'I like all flavors, but my favorite is ~'는 자신이 가장 좋아하는 맛에 대해 말할 때 사용할 수 있는 표현이에요. 이때 my favorite is는 my favorite flavor is의 의미로 반복되는 flavor가 생략되었어요. '맛, 풍미'라는 의미의 단어 flavor는 flavour로 표기할 수도 있음에 유의하세요.

On Your Own

Dear diary,

Words & Phrases

strawberry 딸기
peanut butter 땅콩버터
coconut 코코넛
green tea 녹차
cotton candy 솜사탕
peach 복숭아
watermelon 수박

Q 213 Date. . .

What do you think is the most important environmental issue?

어떤 환경문제가 가장 중요하다고 생각하나요?

Useful Pattern

The biggest environmental issue we need to resolve is ~

우리가 해결해야 할 가장 중요한 환경문제는 ~다.

The biggest environmental issue we need to resolve is global warming. Without our efforts, wildlife might go extinct.

우리가 해결해야 할 가장 중요한 환경문제는 지구 온난화다. 우리의 노력 없이는 야생 동물이 멸종될 것이다.

'The biggest environmental issue we need to resolve is ~'는 가장 중요하다고 생각하는 환경문제에 대해 말할 때 사용할 수 있는 표현이에요. 이때 resolve는 '해결하다'라는 의미로, work out, clear up 등으로 바꿔 표현할 수도 있어요.

On Your Own

Dear diary,

Words & Phrases

climate change 기후 변화
food waste 음식물 쓰레기
air pollution 대기 오염
global warming 지구 온난화
water pollution 수질 오염
endangered species 멸종 위기종
overpopulation 인구 과잉

Q 214

Date. . .

What is your favorite word? And why?

가장 좋아하는 단어는 무엇인가요? 이유가 뭔가요?

Useful Pattern

I use this word almost every day because ~ ~해서 나는 이 단어를 거의 매일 사용한다.

The one word I love the most is 'awesome.' I use this word almost every day because it cheers me up.

내가 가장 좋아하는 한 단어는 awesome이다. 내 기분을 띄워줘서 나는 이 단어를 거의 매일 사용한다.

'I use this word almost every day because ~'는 어떤 단어를 자주 사용하는 이유에 대해 말할 때 사용할 수 있는 표현이에요. 이때 almost every day는 '거의 매일'이라는 의미로, from time to time(가끔), all the time(항상) 등을 대신 사용할 수도 있어요.

On Your Own

Dear diary,

Words & Phrases

I just love pronouncing it 발음하는 게 그냥 좋다
I just love its meaning 의미가 좋다
it is useful 유용하다
it sounds romantic 낭만적으로 들린다
it brings new ideas to mind 새로운 아이디어가 떠오르게 한다

Q 215

Date. . .

When is your favorite time of the year?

1년 중 가장 좋아하는 시기는 언제인가요?

Useful Pattern

My favorite time of the year is when ~ 내가 1년 중 가장 좋아하는 시기는 ~다.

My favorite time of the year is when the first snow falls. It brings the opportunity to have snowball fights.
내가 1년 중 가장 좋아하는 시기는 첫눈이 오는 때다. 눈싸움할 기회를 준다.

'My favorite time of the year is when ~'은 1년 중 가장 좋아하는 시기에 대해 말할 때 사용할 수 있는 표현이에요. 이때 My favorite time of the year is 뒤에는 시기에 해당하는 명사를 사용하거나 'when 주어 + 동사'가 올 수 있어요.

On Your Own

Dear diary,

Words & Phrases

the new semester begins
새 학기가 시작되다
everything is green 모든 것이 푸르다
the weather is warm 날씨가 따뜻하다

the leaves start to change colors
단풍이 들기 시작하다
the roses start to bloom
장미가 피기 시작하다

Q 216

Date. . .

What type of drink do you like to have with pizza?

피자를 먹을 때 어떤 음료를 마시는 걸 좋아하나요?

Useful Pattern

If I were to choose one, I would have ~ 한 가지만 선택해야 한다면, 나는 ~을 마실 것이다.

I think any drink goes well with pizza. But if I were to choose, I would have orange juice.

내 생각에는 어떤 음료든 피자랑 잘 어울린다. 하지만 한 가지만 선택해야 한다면, 나는 오렌지 주스를 마실 것이다.

'If I were to choose one, I would have ~'는 음료를 고를 때 사용할 수 있는 표현이에요. 이때 'If I were to 동사원형, I would 동사원형'은 '~라면, …할 텐데'라는 가정의 의미이며, one은 one drink의 의미로 이해할 수 있어요.

On Your Own

Dear diary,

Words & Phrases

coke 콜라

beer 맥주

a caffeinated drink 카페인 음료

a carbonated drink 탄산음료

fruit juice 과일 주스

alcoholic beverages 알콜 음료

orange juice 오렌지 주스

Date. . .

Who is your favorite author? And why?

가장 좋아하는 작가는 누구인가요? 이유는 뭔가요?

Useful Pattern

I love the way he/she ~ 나는 그/그녀가 ~하는 방식이 좋다.

I grew up reading Agatha Christie's books. I love the way she weaves a story.
나는 애거사 크리스티의 작품을 읽으며 자랐다. 나는 그녀가 이야기를 만들어내는 방식이 마음에 든다.

'I love the way he/she ~'는 마음에 드는 방식에 대해 말할 때 사용할 수 있는 표현이에요. 이때 the way는 '방식'이라는 의미로 뒤에 '주어 + 동사'가 와서 the way를 수식할 수 있어요. 또한 작가의 성별에 따라 he 또는 she를 사용할 수 있음에 유의하세요.

On Your Own

Dear diary,

Words & Phrases

create characters 등장인물을 만들다
use humor 유머를 사용하다
describe things in details 자세히 묘사하다
give examples 예를 들다
express his / her ideas 자신의 아이디어를 표현하다
weave a story 이야기를 만들어내다

Q 218

Date. . .

What will be the weather like tomorrow?

내일 날씨는 어떨까요?

Useful Pattern

The weather forecast said it would be ~ tomorrow 일기예보에 따르면 내일 ~할 것이다.

The weather forecast said it would be cold tomorrow. I think winter is on its way.
일기예보에 따르면 내일 추울 것이다. 겨울이 다가오나 보다.

'The weather forecast said it would be ~ tomorrow'는 내일의 일기예보에 대해 말할 때 사용할 수 있는 표현이에요. 이때 the weather forecast는 '일기예보'라는 의미로, The weather forecast said 대신 According to the weather forecast라고 표현해도 비슷한 의미를 나타낼 수 있어요.

On Your Own

Dear diary,

Words & Phrases

partly cloudy 부분적으로 흐린
windy 바람이 많이 부는
sunny 화창한
stormy 폭풍우가 치는
foggy 안개가 낀
cold 추운
rainy 비가 오는

Q 219

Date. . .

What do you do when you are sad?

당신은 슬플 때 무엇을 하나요?

Useful Pattern

~ takes me away from my sad emotions ~는 나를 슬픔에서 벗어나게 해준다.

Writing my feelings down in my diary takes me away from my sad emotions. It is as if I'm sharing my sadness with someone else.
일기에 내 감정을 적는 것이 나를 슬픔에서 벗어나게 해준다. 그건 마치 다른 사람에게 내 슬픔을 공유하는 것 같은 작용을 한다.

'~ takes me away from my sad emotions'는 슬픔에서 벗어나는 방법에 대해 말할 때 사용하는 표현이에요. 여기서 take me away from은 원래 '~로부터 나를 멀리 데려가다'라는 의미로, 여기서는 슬픔에서 벗어나게 한다는 의미로 사용되었어요.

On Your Own

Dear diary,

Words & Phrases

just cry it out 그냥 울다
take a nap 낮잠을 자다
visit a beauty parlor 미용실에 가다
hangout with my friends 친구들과 어울리다
do something I love to 좋아하는 일을 하다

Q 220

Date. . .

What is the most valuable thing you have?

당신이 가진 가장 귀중한 것은 무엇인가요?

Useful Pattern

~ is/are the most valuable thing I have ~는 내가 가진 가장 귀중한 것이다.

Time is the most valuable thing I have. It is the only asset that I can only spend, but never make.
시간은 내가 가진 가장 귀중한 것이다. 시간은 내가 쓸 수는 있지만, 벌 수는 없는 유일한 자산이다.

'~ is/are the most valuable thing I have'는 내가 가진 가장 소중한 것에 대해 말할 때 사용하는 표현이에요. 여기서 valuable은 '귀중한'이라는 의미로, precious, priceless, invaluable 등으로 바꿔 쓸 수 있으며, valueless는 '가치 없는'이라는 반대의 의미가 된다는 것도 기억해두세요.

On Your Own

Dear diary,

Words & Phrases

time 시간
health 건강
my family 가족
my friends 친구들
life experiences 삶의 경험들
childhood memories 어린 시절의 기억
great home-made food 집에서 만든 훌륭한 음식

Q 221

Date. . .

What do you do to get over a breakup?

당신은 이별의 아픔을 이겨내기 위해 무엇을 하나요?

Useful Pattern

I get over a breakup by ~ 나는 ~으로 이별의 아픔을 이겨낸다.

I get over a breakup by organizing my room. Cleaning my space makes me feel refreshed.
나는 방을 정리해서 이별의 아픔을 이겨낸다. 내 공간을 청소하면 기분이 상쾌해진다.

'I get over a breakup by ~'는 이별을 극복하는 방법에 대해 말할 때 사용하는 표현이에요. 여기서 get over는 '극복하다'라는 의미로, overcome 혹은 deal with로 바꿔 표현할 수 있어요. 또한 breakup은 '이별'이라는 의미이며, by 뒤에는 이별 극복의 방법을 '동사원형 + -ing'로 표현해요.

On Your Own

Dear diary,

Words & Phrases

go to therapy 상담 치료를 받으러 가다
organize my room 방을 정리하다
talk with my friends 친구들과 대화를 하다
get a new hobby 새로운 취미를 만들다
write in a journal 일기를 쓰다
remove painful memory triggers 고통스러운 기억을 불러일으키는 물건을 없애다

Q 222

Date. . .

What color do you like? And why?

당신은 어떤 색깔을 좋아하나요? 이유는 뭔가요?

Useful Pattern

색깔 is considered to be the color of ~ …는 ~의 색깔로 여겨진다.

I adore the color blue. Blue is considered to be the color of freedom.
나는 파란색을 아주 좋아한다. 파란색은 자유의 색깔로 여겨진다.

'색깔 is considered to be the color of ~'는 색깔이 갖는 이미지나 상징에 대해 말할 때 사용하는 표현이에요. 여기서 is considered to be는 '~라고 여겨지다'라는 의미로, is thought to be, is regarded to be로도 바꿔 표현할 수 있어요.

On Your Own

Dear diary,

Words & Phrases

white/purity 흰색/순수
blue/freedom 파란색/자유
yellow/happiness 노란색/행복
purple/magic 보라색/마법
black/elegance 검정색/우아함
red/passion 빨간색/열정
green/hope 녹색/희망

Q 223

Date. . .

What compliment do you like to hear the most?

어떤 칭찬을 가장 듣고 싶나요?

Useful Pattern

I like to hear compliments on ~ 나는 ~에 대한 칭찬을 듣는 것이 좋다.

My favorite compliment is "You are the best!" Especially, I like to hear compliments on my abilities.
내가 가장 좋아하는 칭찬은 "니가 최고야!"이다. 특히 나는 내 능력에 대한 칭찬을 듣는 것이 좋다.

'I like to hear compliments on ~'는 칭찬받고 싶은 부분에 대해 말할 때 사용하는 표현이에요. 여기서 compliment는 '칭찬'이라는 의미로, praise로도 바꿔 표현할 수 있어요. 또한 I like to receive compliments on이라고 해도 비슷한 의미를 나타낼 수 있어요.

On Your Own

Dear diary,

Words & Phrases

my looks 내 외모
my talents 내 재능
my style 내 스타일
my cooking 내 요리
my abilities 내 능력
my achivements 내 성취
my sense of humor 내 유머 감각

Q 224 Date. . .

What do you need to do before the end of the year?

한 해가 가기 전에 무엇을 해야 하나요?

Useful Pattern

I set aside time to ~ 나는 시간을 따로 내서 ~을 한다.

I set aside time to clean out my closet before the end of the year. I say goodbye to the items that don't fit me.
나는 한 해가 가기 전에 시간을 따로 내서 옷장을 정리한다. 내게 맞지 않는 옷에는 작별을 고한다.

'I set aside time to ~'는 시간을 내서 하는 일에 대해 말할 때 사용하는 표현이에요. 여기서 set aside time은 '다른 목적에 쓰기 위해 시간을 따로 떼어두다'라는 의미로, save time for a particular purpose로 바꿔 표현할 수 있어요.

On Your Own

Dear diary,

Words & Phrases

clean out my closet 옷장을 정리하다
create a photo book 포토북을 만들다
write New Year's cards 연하장을 쓰다
review the past year 지난해를 돌아보다
do the year-end tax adjustment 연말정산을 하다
use my leftover vacation days 남은 휴가를 사용하다

Q 225

Date. . .

What makes a person beautiful?

무엇이 사람을 아름답게 만드나요?

Useful Pattern

What makes a person beautiful is ~ 사람을 아름답게 만드는 것은 ~이다.

What makes a person beautiful is a bright smile. Also, it is a great way to spread happiness.
사람을 아름답게 만드는 것은 밝은 미소다. 또한 미소는 행복을 퍼트리는 훌륭한 방법이기도 하다.

'What makes a person beautiful is ~'는 사람을 아름답게 만드는 요소에 대해 말할 때 사용하는 표현이에요. 여기서 what은 the things which의 의미이며, beautiful 대신 attractive(매력적인) 등의 다른 형용사로 바꿔 표현할 수 있어요.

On Your Own

Dear diary,

Words & Phrases

humor 유머
confidence 자신감
healthy, clear skin 건강하고 깨끗한 피부
positive attitude 긍정적인 태도
a bright smile 밝은 미소
glossy hair 윤기 있는 머리
a gorgeous voice 멋진 목소리

Q 226

Date. . .

What do you do when you're bored?

지루할 때 무엇을 하나요?

Useful Pattern

It's not a bad idea to ~ when I'm bored 지루할 때 ~하는 것도 나쁘지 않다.

It's not a bad idea to go through the photos on my phone when I'm bored. I delete anything I don't need.
지루할 때 전화기에 있는 사진을 살펴보는 것도 나쁘지 않다. 원하지 않는 사진은 삭제해버린다.

'It's not a bad idea to ~ when I'm bored'는 지루할 때 할 수 있는 일에 대해 말할 때 사용하는 표현이에요. 여기서 not a bad idea는 a good idea와 비슷한 의미로 쓰였으며, when I'm bored는 when I get bored로 바꿔 표현할 수 있어요.

On Your Own

Dear diary,

Words & Phrases

go to the library 도서관에 간다
make flower arrangements 꽃꽂이를 한다
do online shopping 온라인 쇼핑을 한다
clean my makeup brushes 화장솔을 세척한다
organize the apps on my phone 전화기에 있는 앱을 정리한다

Q 227

Date. . .

Write down a way to keep mosquitoes away.

모기를 퇴치하는 방법을 적어보세요.

Useful Pattern

~ helps to keep mosquitoes away ~은 모기를 퇴치하는 데 도움이 된다.

Burning some incense helps to keep mosquitoes away. Mosquitoes aren't into smoke, particularly scented smoke.
향을 태우는 것이 모기를 퇴치하는 데 도움이 된다. 모기는 특히 냄새가 나는 연기는 좋아하지 않는다.

'~ helps to keep mosquitoes away'는 모기를 퇴치하는 방법에 대해 말할 때 사용하는 표현이에요. 이때 keep mosquitoes away는 '모기가 가까이 오지 못하게 막는다'라는 의미이며, prevent mosquitoes from coming near me로 바꿔 표현할 수 있어요.

On Your Own

Dear diary,

Words & Phrases

eat garlic 마늘을 먹다
burn some incense 향을 태우다
use bug spray 방충제를 사용하다
shower when sweaty 땀이 나면 샤워를 하다
sleep under a mosquito net 모기장을 치고 자다
wear light-colored clothing 밝은색 옷을 입다

Q 228

Date.   .   .

Do you have any unhealthy habits?

건강에 좋지 않은 습관을 가지고 있나요?

Useful Pattern

~ is a bad habit I need to break ~은 고쳐야 할 나쁜 습관이다.

Eating late at night is a bad habit I need to break. Late-night meals can interfere with sleep.

밤늦게 먹는 것은 고쳐야 할 나쁜 습관이다. 밤늦게 하는 식사는 수면을 방해할 수 있다.

'~ is a bad habit I need to break'는 고쳐야 할 나쁜 습관에 대해 말할 때 사용하는 표현이에요. 이때 break a bad habit은 '나쁜 버릇을 없애다, 습관을 고치다'라는 의미이며, '버릇을 들이다'라는 반대말로는 make a habit을 사용한다는 점도 기억해두세요.

On Your Own

Dear diary,

Words & Phrases

eating late at night 밤늦게 먹는 것
skipping breakfast 아침 식사를 거르는 것
being a couch potato 소파에서 종일 TV만 보는 것
eating too much sodium 나트륨을 너무 많이 섭취하는 것
not drinking enough water 물을 충분히 마시지 않는 것

Q 229

Date. . .

Write down a fun thing to do at the beach.

해변에서 할 수 있는 재미있는 일을 쓰세요.

Useful Pattern

~ is a fun thing to do ~하는 것은 재미있다.

Writing messages in the sand is a fun thing to do at the beach. You can say anything you want and take a picture of it.
해변에서 모래에 메시지를 쓰는 것은 재미있다. 하고 싶은 말을 아무거나 적은 다음 사진을 찍을 수 있다.

'~ is a fun thing to do'는 재미있게 할 수 있는 활동에 대해 말할 때 사용하는 표현이에요. 이때 is 앞에는 명사 혹은 '동사원형 + -ing'를 사용할 수 있으며, to do 대신 that you can do로 바꿔 표현할 수도 있어요.

On Your Own

Dear diary,

Words & Phrases

go fishing 낚시하러 가다
watch the sunset 석양을 보다
collect seashells 조개 껍질을 모으다
stroll along the beach 해변을 따라 걷다
build a sandcastle 모래성을 쌓다
have a bonfire party 모닥불 파티를 열다
write messages in the sand 모래에 메시지를 적다

Q 230 Date. . .

How do you get rid of a cold quickly?

어떻게 감기를 빨리 낫게 하나요?

Useful Pattern

~ is a good choice when you're sick 아플 때는 ~가 좋다.

Ginger tea is a good choice when you're sick. A few slices of ginger in boiling water may help soothe a cough.

아플 때는 생강차가 좋다. 끓는 물에 생강 몇 조각을 넣으면 기침을 누그러지게 하는 데 도움이 될 것이다.

'~ is a good choice when you're sick'은 아플 때 효과가 있는 방법에 대해 말할 때 사용하는 표현이에요. 이때 is 앞에는 명사 혹은 '동사원형 + -ing'를 사용할 수 있으며, when you're sick을 when you have a cold(감기에 걸렸을 때)처럼 보다 구체적인 표현으로 바꿀 수도 있어요.

On Your Own

Dear diary,

Words & Phrases

ginger tea 생강차
a humidifier 가습기
chicken soup 치킨 수프
fresh lemon juice 신선한 레몬 주스
warm bath 따뜻한 물로 목욕하기
a teaspoon of honey 꿀 한 찻숟가락
gargling salt water 소금물로 입안을 헹구기

Q 231 Date. . .

What do you do on a rainy day?

비 오는 날 무엇을 하나요?

Useful Pattern

On a rainy day, I love to ~ 비 오는 날, 나는 ~하는 것을 좋아한다.

Rain doesn't have to mean a boring day. On a rainy day, I love to take a walk in the rain wearing rain boots.
비가 온다는 것이 꼭 지루한 하루를 의미하지는 않는다. 나는 비 오는 날 레인부츠를 신고 빗속에서 산책하는 것을 좋아한다.

'On a rainy day, I love to ~'는 비 오는 날 즐겨 하는 행동에 대해 말할 때 사용하는 표현이에요. 이때 love 뒤에는 'to + 동사원형' 혹은 '동사원형 + -ing'의 형태를 사용할 수 있어요. 또한 on a rainy day에서와 같이 '어떤 특정한 날에'라고 표현할 때는 전치사 on을 사용한다는 것도 기억해두세요.

On Your Own

Dear diary,

Words & Phrases

host a tea party 티 파티를 열다
bake some cookies 쿠키를 굽다
look for a rainbow 무지개를 찾다
take my own bubble bath 거품 목욕을 하다
rest and recharge 휴식을 취하며 재충전하다
plan my next vacation 다음 휴가를 계획하다
head out for a walk in the rain 빗속에 산책하러 나가다

Q 232

Date. . .

Write down an act of kindness.

친절에서 우러난 행동을 하나 써보세요.

Useful Pattern

~ can make someone's day ~은 누군가를 행복하게 할 수 있다.

It's easy to brighten the world around me. Shoveling snow can make someone's day.

내 주변 세상을 밝게 만드는 일은 쉽다. 눈을 치우면 누군가를 행복하게 만들 수 있다.

'~ can make someone's day'는 누군가를 행복하게 만드는 방법에 대해 말할 때 사용하는 표현이에요. 이때 make one's day는 글자 그대로 옮기면 '~의 날을 만들다'라는 의미로, '~를 행복하게 하다'라고 이해할 수 있어요. 또한 can make 앞에는 명사 혹은 '동사원형 + -ing'를 사용할 수 있어요.

On Your Own

Dear diary,

Words & Phrases

a smile 미소
shoveling snow 눈을 치우는 것
offering my help 도움을 주는 것
giving a compliment 칭찬하는 것
holding the door open
문을 (닫히지 않게) 잡아주는 것

Q 233 *Date.*   .   .

What are some foods to help you lose weight?

체중 감량에 도움이 되는 음식은 무엇인가요?

Useful Pattern

Adding ~ to my diet is an excellent weight loss strategy

~를 식단에 넣는 것은 훌륭한 체중 감량 전략이다.

Adding leafy greens to my diet is an excellent weight loss strategy. Eating them increases feelings of fullness.
푸른 잎 채소를 식단에 넣는 것은 훌륭한 체중 감량 전략이다. 채소를 먹으면 포만감이 증가한다.

'Adding ~ to my diet is an excellent weight loss strategy'는 체중 감량에 도움이 되는 음식에 대해 말할 때 사용하는 표현이에요. 이때 lose weight는 '체중을 감량하다'라는 의미로, gain weight라고 표현하면 '살이 찌다'라는 반대의 의미가 된다는 것도 기억해두세요.

On Your Own

Dear diary,

Words & Phrases

tuna 참치
salmon 연어
whole eggs 전란
avocados 아보카도
chicken breast 닭가슴살
boiled potatoes 삶은 감자
leafy greens 푸른 잎 채소

Q 234

Date. . .

Whom do you find hard to get along with?

어떤 사람들과 어울리는 게 힘든가요?

Useful Pattern

Dealing with ~ can be difficult and draining ~를 상대하는 것은 어렵고, 힘이 빠지는 일이다.

Dealing with manipulators can be difficult and draining. They use other people to accomplish whatever they want.
조종하는 데 능한 사람들을 상대하는 일은 어렵고 힘이 빠지는 일이다. 그들은 자신이 원하는 것이 무엇이든 그것을 이루기 위해 다른 사람을 이용한다.

'Dealing with ~ can be difficult and draining'은 어떤 부류의 사람들을 다루는 것이 어려운지에 대해 말할 때 사용하는 표현이에요. 이때 deal with는 '다루다, 상대하다'라는 의미이며, draining은 '힘을 빼는, 에너지를 소모시키는'이라는 의미로 사용됐어요.

On Your Own

Dear diary,

Words & Phrases

liars 거짓말쟁이
egoist 이기주의자
slackers 게으름뱅이
gossipers 험담하는 사람
criticizers 비판하는 사람
jealous people 질투하는 사람
manipulators 조종하는 데 능한 사람

Q 235

Date. . .

What do you do to spark your creativity?

창의력을 불러일으키기 위해 당신은 무엇을 하나요?

Useful Pattern

~ can boost creative thinking skills ~가 창의적 사고력을 증진할 수 있다.

Being in nature can boost creative thinking skills. It energizes the body and stimulates the imagination.
자연 속에 있는 것이 창의적인 사고력을 증진시킬 수 있다. 몸에 활력을 주고, 상상력을 자극한다.

'~ can boost creative thinking skills'는 창의적 사고력을 증진시키는 방법에 말할 때 사용하는 표현이에요. 이때 boost는 '북돋우다'라는 의미이며, enhance로 바꿔서 표현해도 비슷한 의미를 나타낼 수 있어요. 또한 can boost 앞에는 명사 혹은 '동사원형 + -ing'를 사용할 수 있어요.

On Your Own

Dear diary,

Words & Phrases

meditate 명상하다
take notes 메모하다
look around 주변을 둘러보다
be in nature 자연 속에 있다
use mind maps 마인드맵을 이용하다
spend time alone 홀로 시간을 보내다
try something new
새로운 것을 시도해보다

Q 236

Date. . .

What do you do to boost your self-confidence?

자신감을 북돋우기 위해 무엇을 하나요?

Useful Pattern

Whenever ~, I feel much better about myself ~할 때마다 자신감이 생긴다.

Whenever I clear my desk, I feel much better about myself. This might seem like a small thing, but it always works.
책상을 정리할 때마다 자신감이 생긴다. 작은 일처럼 보이지만 항상 효과가 있다.

'Whenever ~, I feel much better about myself'는 자신감이 생기는 상황에 대해 말할 때 사용하는 표현이에요. 이때 feel much better about myself는 글자 그대로 번역하면 '자신에 대해 기분이 훨씬 좋아지다'라는 의미로 '자신감이 생기다'라고 이해할 수 있어요.

On Your Own

Dear diary,

Words & Phrases

sit up straight 똑바로 앉는다
clear my desk 책상을 정리한다
dress nicely 옷을 잘 갖춰 입는다
eat good food 좋은 음식을 먹는다
think positively 긍정적으로 생각한다
do activities I enjoy 즐기는 활동을 한다
make a list of my achievements 성취한 일들의 목록을 만든다

Q 237

Date. . .

What do you do on a snowy day?

눈 오는 날 무엇을 하나요?

Useful Pattern

Is there a better time to ~ than on a snowy day? ~하기에 눈 오는 날보다 더 좋을 때가 있을까?

Is there a better time to catch up on reading than on a snowy day? I can't think of any.
밀린 책을 읽기에 눈 오는 날보다 더 좋을 때가 있을까? 내 생각에는 없는 것 같다.

'Is there a better time to ~ than on a snowy day?'는 눈 오는 날 하기에 적합한 활동에 대해 말할 때 사용하는 표현이에요. 이때 Is there a better time than ~?은 '~보다 더 좋을 때가 있을까?'라는 의미로 의문문의 형식을 갖추고 있지만 실제로는 그때가 최고의 시기라는 최상급의 의미를 갖고 있어요.

On Your Own

Dear diary,

Words & Phrases

bake a pie 파이를 굽다
go sledding 썰매를 타러 가다
make a snowman 눈사람을 만들다
go ice skating 스케이트를 타러 가다
have a snowball fight 눈싸움을 하다
catch up on reading 밀린 책을 읽다
clean out the fridge 냉장고를 청소하다

Q 238

Date. . .

What kind of music do you listen to while going to work?

출근할 때 어떤 종류의 음악을 듣나요?

Useful Pattern

~ is a great genre to listen to while going to work ~은 출근할 때 듣기 좋은 장르다.

Pop music is a great genre to listen to while going to work. It gives me a positive vibe.
팝 음악은 출근할 때 듣기 좋은 장르다. 팝 음악은 내게 긍정적인 느낌을 준다.

'~ is a great genre to listen to while going to work'는 출근할 때 듣기 좋은 음악 장르에 대해 말할 때 사용할 수 있는 표현이에요. 이때 while going to work은 '출근 중에'라는 의미로 while I'm going to work으로 풀어서 사용할 수 있어요.

On Your Own

Dear diary,

Words & Phrases

pop music 팝 음악
classical music 클래식 음악
original sountracks from movies 영화 삽입곡
country music 컨트리 음악
jazz 재즈
electronic dance music 전자 댄스 음악
rhythm and blues R&B 음악

Q 239

Date. . .

Write down a challenging yet rewarding thing to do.

힘들지만 보람 있는 일을 쓰세요.

Useful Pattern

~ is a challenging yet rewarding thing to do ~은 힘들지만 보람 있는 일이다.

Trying a new sport is a challenging yet rewarding thing to do. Although I'm not that sporty, it's fun to learn something new.
새로운 스포츠를 시도하는 것은 힘들지만 보람 있는 일이다. 운동신경이 그다지 좋진 않지만, 새로운 것을 배우는 일은 재밌다.

'~ is a challenging yet rewarding thing to do'는 힘들지만 보람 있는 일에 대해 말할 때 사용하는 표현이에요. 이때 challenging은 '도전적인, 힘든'이라는 의미이며, rewarding은 '보람 있는'이라는 뜻으로, 서로 의미가 상반되기 때문에 '그렇지만'이라는 의미의 yet으로 연결했어요.

On Your Own

Dear diary,

Words & Phrases

run a marathon 마라톤을 뛰다
get a new job 새 직장을 구하다
seek a promotion 승진하기 위해 노력하다
try a new sport 새로운 스포츠를 시도하다
learn a new language 새로운 언어를 배우다
climb to the top of a mountain 산 정상에 오르다

Q 240

Date. . .

What do you do to keep your skin healthy?

피부를 건강하게 유지하기 위해 무엇을 하나요?

Useful Pattern

~ keeps my skin healthy ~은 피부를 건강하게 유지해준다.

Getting enough sleep keeps my skin healthy. While I'm sleeping, entire body rests and repairs itself.
충분한 수면을 취하면 피부를 건강하게 유지할 수 있다. 자는 동안 몸 전체가 휴식을 취하고, 스스로 회복한다.

'~ keeps my skin healthy'는 피부를 건강하게 유지하는 방법에 대해 말할 때 사용하는 표현이에요. 이때 'keep 명사 + 형용사'는 '~를 …로 유지하다'라는 의미이며, keep my skin soft(피부를 부드럽게 유지하다), keep my skin clean(피부를 깨끗하게 유지하다) 등으로 응용할 수 있어요.

On Your Own

Dear diary,

Words & Phrases

use sunscreen 자외선 차단제를 사용하다
avoid strong soaps 강한 비누를 피하다
moisturize skin 피부를 촉촉하게 하다
manage stress 스트레스를 관리하다
minimize the makeup I use 화장을 최소화하다
get a facial 얼굴 마사지를 받다
get enough sleep 충분한 수면을 취하다

Q 241

Date. . .

What do you have in your wallet?

당신의 지갑에는 무엇이 있나요?

Useful Pattern

I make sure to carry ~ 나는 ~를 반드시 가지고 다닌다.

I make sure to carry some cash. I use my credit card for most purchases, but it can be helpful to carry a bit of cash.
나는 약간의 현금을 반드시 가지고 다닌다. 대부분 물건을 살 때는 신용카드를 사용하지만, 현금을 조금은 가지고 다니는 것이 도움이 된다.

'I make sure to carry ~'는 반드시 가지고 다니는 물건에 대해 말할 때 사용하는 표현이에요. 이때 make sure는 '반드시 ~하다, ~을 확실히 하다'라는 의미이며, I make sure that I always carry라고 표현해도 비슷한 의미를 나타낼 수 있어요.

On Your Own

Dear diary,

Words & Phrases

cash 현금
a debit card 현금카드
credit cards 신용카드
personal checks 개인 수표
a driver's license 운전면허증
a residence registration card 주민등록증

Q 242

Date. . .

How do you express your gratitude?

당신은 어떻게 감사를 표현하나요?

Useful Pattern

A good way to express my gratitude is to ~ 감사를 표현하는 좋은 방법은 ~이다.

A good way to express my gratitude is to call to say thanks. It's much more personal than an email.
감사를 표시하는 좋은 방법은 전화해서 고맙다고 말하는 것이다. 전화 통화가 이메일보다 훨씬 더 개인적으로 느껴진다.

'A good way to express my gratitude is to ~'는 감사를 표현하는 방법에 대해 말할 때 사용하는 표현이에요. 여기서 express는 '표현하다'라는 의미이며, gratitude 대신 appreciation이라는 단어를 사용해도 감사의 뜻을 나타낼 수 있어요.

On Your Own

Dear diary,

Words & Phrases

send flowers 꽃을 보내다
say thanks 고맙다고 말하다
send an email 이메일을 보내다
offer to help 돕겠다고 제안하다
invite a person over 집으로 초대하다
call to say thanks 전화해서 고맙다고 말하다
invite a person to dinner 저녁 식사에 초대하다

Q 243

Date. . .

What genre of books do you like?

어떤 장르의 책을 좋아하나요?

Useful Pattern

How could I ever resist ~? 내가 어떻게 ~을 안 읽을 수 있겠어?

How could I ever resist romance books? They make my heart all warm and fuzzy.
내가 어떻게 로맨스 소설을 안 읽을 수 있겠어? 로맨스 소설은 내 마음을 따뜻하고 포근하게 해준다.

'How could I ever resist ~?'는 도저히 거부할 수 없을 정도로 좋아하는 대상에 대해 말할 때 사용하는 표현이에요. 원래 resist는 '저항하다, 견디다, 참다'라는 의미이며, 여기서는 '(책을 읽지 않고) 참다'라는 의미로 이해될 수 있어요. 또한 의문문의 형식을 가지고 있지만, I couldn't ever resist의 의미로 이해될 수 있어요.

On Your Own

Dear diary,

Words & Phrases

romance books 로맨스 소설
science fiction 공상과학소설
biographies 전기
essays 수필
memoirs 회고록
self-help books 자기계발서
detective stories 탐정 소설

Q 244

Date.   .   .

What are some ways to save money?

돈을 절약하는 방법은 무엇인가요?

Useful Pattern

~ can save you some money ~하면 돈을 절약할 수 있다.

Taking my brown bag lunch can save me some money. I can buy a week's worth of groceries for the same price as two meals out.
점심 도시락을 가져가면 돈을 절약할 수 있다. 두 번 외식할 돈으로 일주일 치 장을 볼 수 있다.

'~ can save me some money'는 돈을 절약하는 방법에 대해 말할 때 사용하는 표현이에요. 원래 save는 '구하다'라는 의미를 가지고 있지만, 여기서는 '절약하다, 아끼다'의 의미로 사용됐어요. 반면 can cost you some money는 '~하면 비용이 들 수 있다'라는 반대 의미를 전하게 돼요.

On Your Own

Dear diary,

Words & Phrases

quit smoking 금연하다
save my coins 동전을 모으다
repair clothes 옷을 수선하다
buy less coffee 커피를 덜 사 마신다
take my brown bag lunch 점심 도시락을 가져가다
make a shopping list 구입 물건 목록을 만들다

Q 245

Date.   .   .

How can you lose weight naturally?

어떻게 자연스레 감량할 수 있나요?

Useful Pattern

~ is key to losing weight ~하는 것이 살을 빼는 데 중요하다.

Eating regular meals is key to losing weight. It reduces the temptation to have snacks.
규칙적으로 식사를 하는 것이 살을 빼는 데 중요하다. 이는 간식을 먹고 싶은 유혹을 줄여준다.

'~ is key to losing weight'는 살을 빼는 방법에 대해 말할 때 사용하는 표현이에요. 이때 key는 '중요한'이라는 의미로, be key to는 '~하는 데 중요하다'라는 뜻으로 사용될 수 있어요. 또한 is 앞에는 명사 혹은 '동사원형 + -ing'를 사용해요.

On Your Own

Dear diary,

Words & Phrases

eat regular meals 규칙적으로 식사하다
get more active 더 활동적으로 지내다
drink plenty of water 물을 많이 마시다
use a small plate 작은 접시를 사용하다
eat plenty of fruit and vegetables 과일과 채소를 많이 먹다
not skip breakfast 아침 식사를 거르지 않다

Q 246

Date. . .

What makes a good friend?

좋은 친구의 특성은 무엇인가요?

Useful Pattern

A true friend is someone who ~ ~하는 사람이 진정한 친구다.

A true friend is someone who listens to me. They do their best to put themselves in my shoes.
좋은 친구는 내 말을 경청한다. 좋은 친구는 항상 내 처지에서 생각해보려고 최선을 다한다.

'A true friend is someone who ~'는 진정한 친구의 특성에 대해 말할 때 사용하는 표현이에요. who 뒤에는 동사 혹은 '주어 + 동사'의 형태가 이어지며, someone을 꾸며주는 역할을 하게 돼요. 또한 who 뒤에 바로 이어지는 동사는 '동사원형 + -(e)s'의 형태가 된다는 점에 주의하세요.

On Your Own

Dear diary,

Words & Phrases

helps me 나를 돕는다
encourages me 나를 격려한다
knows my secrets 내 비밀을 안다
listens to me 나의 말을 경청한다
makes me laugh 나를 웃게 만든다
keeps their word 약속을 지킨다
gives an honest opinion 정직하게 의견을 말한다

Q 247

Date. . .

What do you do to save water?

물을 절약하기 위해 무엇을 하나요?

Useful Pattern

I can save water by ~ ~해서 물을 절약할 수 있다.

I can save water by taking shorter showers. I set a timer on my phone to keep my showers short.
짧게 샤워해서 물을 절약할 수 있다. 샤워를 짧게 하려고 나는 휴대전화에 타이머를 설정한다.

'I can save water by ~'는 물을 절약하는 방법에 대해 말할 때 사용하는 표현이에요. 이때 save water는 '물을 아끼다, 절약하다'라는 의미로 쓰였으며, 'by 동사원형 + -ing'라는 표현을 통해 물을 절약하는 구체적인 방법에 대해 이야기할 수 있어요.

On Your Own

Dear diary,

Words & Phrases

reuse water 물을 재사용하다
fix leaks 물 새는 곳을 고치다
catch rainwater 빗물을 모으다
take shorter showers 짧게 샤워를 하다
turn off the water while shaving 면도하는 동안 물을 잠그다
put a plastic bottle in my toilet tank 변기 수조에 플라스틱 병을 넣다

Q 248

Date. . .

What are good excuses for being late?

지각했을 때 좋은 핑계는 무엇인가요?

Useful Pattern

~ is a good excuse to use ~는 사용할 수 있는 좋은 핑계다.

If I'm late for work, I need to give a valid reason for my tardiness. "I got suck in traffic" is a good excuse to use.

직장에 지각했을 경우, 늦은 것에 대한 합당한 이유를 대야 한다. "차가 막혔어요"는 사용할 수 있는 좋은 핑계다.

'~ is a good excuse to use'는 쓸 수 있는 핑계에 대해 말할 때 사용하는 표현이에요. 이때 excuse는 '이유, 핑계'라는 의미로 쓰였으며, '용서하다, 변명하다, 양해하다' 등의 동사로도 사용될 수 있어요. 또한 뒤에 when arriving late to work(직장에 지각했을 때)라는 구체적인 설명을 덧붙여 사용할 수도 있어요.

On Your Own

Dear diary,

Words & Phrases

I felt very ill 아팠다
I overslept 늦잠을 잤다
I got suck in traffic 차가 막혔다
I lost my bag 가방을 잃어버렸다
My water pipes burst 수도관이 터졌다
The bus broke down 버스가 고장 났다

Q 249 Date. . .

How can you tell if someone is lying to you?

누군가 당신에게 거짓말하고 있다는 것을 어떻게 아나요?

Useful Pattern

People who are lying tend to ~ 거짓말하는 사람들은 ~하는 경향이 있다.

People who are lying tend to purse their lips. That's because their mouth often goes dry as they're lying.
거짓말하는 사람들은 입술을 오므리는 경향이 있다. 거짓말을 하는 동안 입이 마르기 때문이다.

'People who are lying tend to ~'는 거짓말하는 사람들의 행동 경향에 대해 말할 때 사용하는 표현이에요. 이때 tend to는 '~하는 경향이 있다'라는 의미로, to 뒤에는 동사원형을 사용할 수 있어요. People who are lying are likely to ~라고 표현해도 비슷한 의미를 나타낼 수 있어요.

On Your Own

Dear diary,

Words & Phrases

repeat the question 질문을 반복하다
look up to the right 오른쪽 위를 보다
shake their heads 머리를 흔들다
purse their lips 입술을 오므리다
touch their faces 얼굴을 만지다
sweat a lot 땀을 많이 흘리다
blink their eyes rapidly 눈을 빠르게 깜빡이다

Q 250

Date. . .

What makes a good parent?

좋은 부모의 특성은 무엇인가요?

Useful Pattern

Being a good parent means ~ 좋은 부모가 된다는 것은 ~을 의미한다.

Being a good parent means being a good role model. That's because children can learn by imitation.

좋은 부모가 된다는 것은 좋은 역할 모델이 된다는 의미다. 아이들은 모방을 통해 배우기 때문이다.

'Being a good parent means ~'는 좋은 부모의 조건에 대해 말할 때 사용하는 표현이에요. 이때 means 뒤에는 '동사원형 + -ing' 혹은 'that 주어 + 동사'의 형태가 사용될 수 있어요. means 뒤에 'to + 동사원형'을 사용할 경우 '~할 의도이다'라는 전혀 다른 의미가 된다는 점에 주의하세요.

On Your Own

Dear diary,

Words & Phrases

being there for my kids 아이들 곁에 있어준다

supporting my kids 아이들을 지지해준다

protecting my kids 아이들을 보호해준다

loving unconditionally 조건 없이 사랑해준다

being a good role model 좋은 역할 모델이 된다

Q 251

Date. . .

How do you spend your morning?

아침 시간을 어떻게 보내나요?

Useful Pattern

I like to take my time ~ 나는 시간을 들여 ~하는 것을 좋아한다.

I'm an early bird. I like to take my time taking a morning walk.
나는 아침형 인간이다. 시간을 들여서 아침 산책을 하는 것을 좋아한다.

'I like to take my time ~'은 천천히 시간을 들여 하고 싶은 일에 대해 말할 때 사용하는 표현이에요. 이때 take my time은 '서두르지 않고 천천히 시간을 들이다'라는 의미로, 뒤에 '동사원형 + -ing'를 사용할 수 있어요. I like to spend as much time as I need라고 표현해도 비슷한 의미를 나타낼 수 있어요.

On Your Own

Dear diary,

Words & Phrases

make the bed 침구를 정돈하다
have breakfast 아침을 먹다
take a shower 샤워를 하다
read the news 뉴스를 읽다
catch up on emails 밀린 이메일을 읽다
pick out my clothes 옷을 고르다
take a morning walk 아침 산책을 하다

Q 252

Date. . .

How can you stay positive?

당신은 어떻게 긍정적인 태도를 유지하나요?

Useful Pattern

~ helps me to stay positive ~는 긍정적인 태도를 유지하도록 도와준다.

Keeping a gratitude journal helps me to stay positive. This habit can actually lead to a happier life.
감사 일기를 쓰는 것은 긍정적인 태도를 유지하게 도와준다. 이 습관이 더 행복한 삶으로 이어줄 수 있다.

'~ helps me to stay positive'는 긍정적인 태도를 유지하도록 도와주는 요인에 대해 말할 때 사용하는 표현이에요. 이때 helps 앞에는 명사 혹은 '동사원형 + -ing'를 사용하며, stay positive는 '긍정적인 태도를 유지하다'라는 의미로 keep a positive attitude라는 표현을 사용해서 비슷한 의미를 나타낼 수 있어요.

On Your Own

Dear diary,

Words & Phrases

move my body 몸을 움직이다
get some fresh air 상쾌한 공기를 쐬다
get enough sleep 충분한 수면을 취하다
keep a gratitude journal 감사 일기를 쓰다
focus on the good things 긍정적인 것들에 집중하다
practice positive self-talk 긍정적인 혼잣말을 하다

Q 253

Date. . .

What do you usually have for breakfast?

보통 아침 식사로 무엇을 먹나요?

Useful Pattern

~ is a great way to start my day ~은 하루를 시작하는 좋은 방법이다.

Having a cup of coffee is a great way to start my day. The caffeine in it gives an instant energy boost.
커피를 한 잔 마시는 것은 하루를 시작하는 좋은 방법이다. 커피에 든 카페인이 바로 힘이 나게 한다.

'~ is a great way to start my day'는 하루를 시작하는 방법에 대해 말할 때 사용하는 표현이에요. 이때 is 앞에는 명사 혹은 '동사원형 + -ing'를 사용할 수 있어요. 또한 I start my day by ~로 표현해도 비슷한 의미를 나타낼 수 있어요.

On Your Own

Dear diary,

Words & Phrases

eat a salad 샐러드를 먹다
eat a sandwich 샌드위치를 먹다
eat hard boiled eggs 삶은 달걀을 먹다
have a cup of coffee 커피를 한잔 마시다
eat a bowl of fresh fruit 신선한 과일 한 그릇을 먹다
drink a glass of low-fat milk 저지방 우유를 한 잔 마시다

Q 254

Date. . .

What do you do to protect the environment?

당신은 환경을 보호하기 위해 무엇을 하나요?

Useful Pattern

I ~ to protect the environment 환경을 보호하기 위해 나는 ~ 한다.

I use cloth shopping bags to protect the environment. They can be reused over and over again.

나는 환경을 보호하기 위해 천으로 만든 장바구니를 사용한다. 천 장바구니는 반복해서 사용될 수 있다.

'I ~ to protect the environment'는 환경을 보호하기 위해 어떤 행동을 하는지에 대해 말할 때 사용하는 표현이에요. 이때 to protect는 '보호하기 위해'라는 의미로, in order to protect로 풀어서 표현할 수도 있어요. 또한 protect 대신 conserve나 preserve 등의 동사를 사용해도 같은 의미를 나타낼 수 있어요.

On Your Own

Dear diary,

Words & Phrases

plant a tree 나무를 심다
drive less 운전을 덜 하다
use recycled paper 재활용지를 사용하다
recycle and reuse 재활용하고 재사용하다
use eco-friendly products 친환경 제품을 사용하다
unplug unused electronics 사용하지 않는 전자제품의 플러그를 뽑다

Q 255 Date. . .

How do you prevent motion sickness?

당신은 어떻게 멀미를 예방하나요?

Useful Pattern

To avoid motion sickness, I ~ 멀미를 예방하기 위해 나는 ~ 한다.

I become nauseous every time I ride in a car. So to avoid motion sickness, I sit in the front seat.

나는 차를 탈 때마다 멀미를 한다. 그래서 멀미를 피하기 위해 앞자리에 앉는다.

'To avoid motion sickness, I ~'는 멀미를 예방하기 위한 방법에 대해 말할 때 사용하는 표현이에요. 이때 motion sickness는 '멀미'라는 의미로, '차멀미'는 carsickness, '배 멀미'는 seasickness, '비행기 멀미'는 airsickness로도 표현할 수 있어요.

On Your Own

Dear diary,

Words & Phrases

avoid strong odors 강한 냄새를 피하다
sit in the front seat 앉자리에 앉다
get some fresh air 맑은 공기를 마시다
drink plenty of water 물을 많이 마시다
take some motion sickness medicine 멀미약을 먹다
don't eat during trips 이동 중에 음식을 먹지 않는다

Q 256

Date. . .

Who is the nicest person you've ever met? And why?

이제껏 만난 가장 선한 사람은 누구인가요? 왜 그런가요?

Useful Pattern

I've never seen/heard him/her ~ 나는 그/그녀가 ~ 하는 것을 본/들은 적이 없다.

The nicest person I've ever met is my uncle. I've never seen him lose his temper.
내가 이제껏 만난 가장 선한 사람은 우리 삼촌이다. 나는 그가 화를 내는 걸 본 적이 없다.

'I've never seen/heard him ~'은 상대방이 어떤 행동을 하는 것을 보거나, 어떤 말을 하는 것을 들은 적이 없다고 말할 때 사용하는 표현이에요. 이때 상대방의 성별에 따라 him 대신 her를 사용할 수 있으며, 그 뒤에는 동사원형을 사용할 수 있어요.

On Your Own

Dear diary,

Words & Phrases

frown 얼굴을 찡그리다
lose his temper 화를 내다
be rude to anyone 누군가에게 무례하다
break his promise 약속을 어기다
swear 욕을 하다
raise his voice 언성을 높이다
speak ill of others 남을 험담하다

Q 257

Date. . .

Who is the luckiest person on Earth?

세상에서 가장 운이 좋은 사람은 누구일까요?

Useful Pattern

He/She is a person who ~ 그는/그녀는 ~한 사람이다.

Joan R. Ginther is a person who won a lottery not once, but four times. I believe she is the luckiest woman in the world.
조안 R. 긴더는 복권에 한 번도 아니고, 무려 네 번이나 당첨된 사람이다. 나는 그녀가 세상에서 가장 운이 좋은 여성이라고 생각한다.

'He/She is a person who ~'는 어떤 사람에 대해 자세히 설명할 때 사용하는 표현이에요. 이때 who 뒤에 현재시제일 때는 '동사원형 + -(e)s'을, 과거시제일 때는 과거동사를 사용할 수 있어요. a person 대신에 그 사람의 직업을 넣어서 더 자세하게 소개할 수도 있어요.

On Your Own

Dear diary,

Words & Phrases

win a lottery 복권에 당첨되다
strike it rich 일확천금을 얻다
be struck by lightning 번개에 맞다
become famous overnight 하루아침에 유명해지다
have the Midas touch 하는 일마다 성공을 거두다

Q 258 Date. . .

What do you do on a cloudy day?

당신은 구름 낀 날에 뭘 하나요?

Useful Pattern

On cloudy days, I sometimes ~ 구름이 낀 날, 나는 가끔 ~한다.

On cloudy days, I sometimes go surfing. There are a lot of waves on cloudy days.
구름이 낀 날, 나는 가끔 서핑을 간다. 구름이 많이 낀 날에는 파도가 많다.

'On cloudy days, I sometimes ~'는 구름이 낀 날 하는 활동에 대해 말할 때 사용할 수 있는 표현이에요. 이때 sometimes는 '때때로, 가끔'이라는 의미로, 일반동사의 앞에 위치하며, from time to time으로도 비슷한 의미를 전할 수 있어요.

On Your Own

Dear diary,

Words & Phrases

stay home 집에 있다
look out the window 창밖을 내다보다
go on hikes 등산을 가다
tidy up my room 방을 정리하다
listen to sad music 슬픈 음악을 듣다
knit at home 집에서 뜨개질을 하다
take a nap 낮잠을 자다

Q 259 Date. . .

How do you cope in hot weather?

더운 날씨에 어떻게 대처하나요?

Useful Pattern

I avoid heat by ~ 나는 ~해서 더위를 피한다.

I avoid heat by keeping the curtains closed. It helps to block out the sun.
나는 커튼을 쳐서 더위를 피한다. 그것이 태양을 차단하는 데 도움이 된다.

'I avoid heat by ~'는 더위를 피하는 방법에 대해 말할 때 사용하는 표현이에요. 이때 by는 방법을 나타내는 전치사로 뒤에는 '동사원형 + -ing'의 형태가 올 수 있어요. 또한 I cope with heat by라고 표현해도 '나는 ~해서 더위에 대처한다'라는 비슷한 의미를 전할 수 있어요.

On Your Own

Dear diary,

Words & Phrases

wear a hat 모자를 쓰다
keep the curtains closed 커튼을 치다
stay indoors 실내에 머물다
walk in the shade 그늘로 걷다
have cold showers 찬물로 샤워하다
drink a lot of water 물을 많이 마시다
wear light clothes 가벼운 옷을 입다

Q 260 Date. . .

What would you do in an uncomfortable situation?

난처한 상황에서 어떻게 하나요?

Useful Pattern

the simplest solution is ~ 가장 간단한 해결책은 ~이다.

I try to avoid gossip. When someone starts to gossip, the simplest solution is to walk away.

나는 남 이야기하는 것을 피하려고 한다. 누군가가 험담을 시작할 때 가장 간단한 해결책은 자리를 뜨는 것이다.

'the simplest solution is ~'는 가장 손쉬운 해결책에 대해 말할 때 사용하는 표현이에요. 이때 is 뒤에는 명사나 'to + 동사원형'의 형태가 올 수 있어요. 또한 the simplest way is라고 표현해도 비슷한 의미를 전할 수 있어요.

On Your Own

Dear diary,

Words & Phrases

walk away 자리를 뜨다
keep silent 침묵을 지키다
focus on work 일에 집중하다
change the subject 주제를 바꾸다
take it to a manager 관리자에게 알리다
correct misinformation 잘못된 정보를 바로잡다

Q 261 Date. . .

Are you punctual?

당신은 시간을 잘 지키나요?

Useful Pattern

I'm always on time for ~ 나는 ~ 시간을 항상 지킨다.

I'm always on time for appointments. I try to arrive at least 10 minutes ahead of time.
나는 약속 시간을 항상 지킨다. 최소한 10분은 먼저 도착하려고 노력한다.

'I'm always on time for ~'라는 패턴은 어떤 일에 대한 시간을 잘 지킬 때 사용할 수 있는 표현이에요. on time은 '시간을 어기지 않고 정각에'라는 의미이며, punctual로 바꿔 표현할 수도 있어요. 반대로 '나는 ~ 시간에 항상 늦다'라고 표현하려면 I'm always late for라고 할 수 있어요.

On Your Own

Dear diary,

Words & Phrases

class 수업
appointments 약속
meals 식사
meetings 회의
my interview 인터뷰
work 직장
everything 모든 것

Q 262

Date. . .

Who did you send the email to recently?

최근 누구한테 이메일을 썼나요?

Useful Pattern

I wrote an email to ~ 나는 ~에게 이메일을 썼다.

I just wrote an email to the girl I met at the party last year! I can't believe we are still in touch.
나 방금 작년 파티에서 만났던 여자에게 이메일을 썼다! 우리가 아직 연락을 주고받는다는 것이 안 믿긴다.

'I wrote an email to ~'는 누군가에게 이메일을 썼다고 표현할 때 사용할 수 있는 패턴이에요. 이때 to 뒤에는 명사(구)가 올 수 있어요.

On Your Own

Dear diary,

Words & Phrases

my friend's family that live in Chicago 시카고에 사는 친구의 가족
my sister who is serving in the military 군복무 중인 누나
the police officer who found my daughter 내 딸을 찾아준 경찰관
my best friend from home 동네에서 가장 친한 친구

Q 263

Date. . .

Are you a good listener? And why?

당신은 남의 말을 잘 들어주나요? 왜 그런가요?

Useful Pattern

I don't ~ during conversation 나는 대화 중에는 ~하지 않는다.

I try to be a good listener. I don't check my phone during conversation.
남의 말을 잘 듣는 사람이 되려고 노력한다. 나는 대화 중에는 휴대전화를 확인하지 않는다.

'I don't ~ during conversation'은 대화 도중 하지 않는 행동을 나타낼 때 사용할 수 있는 표현이에요. during conversation은 '대화 중에'라는 의미이며, I avoid ~ during conversation을 사용해도 비슷한 의미를 나타낼 수도 있어요.

On Your Own

Dear diary,

Words & Phrases

interrupt 말하는데 끼어들다
glance at my watch 시계를 힐끔거리다
avoid eye contact 눈 마주침을 피하다
check my phone 휴대전화를 확인하다
cross my arms 팔짱을 끼다
hurry the speaker 말하는 사람을 재촉하다
think about something else 다른 생각을 하다

Q 264 Date. . .

Do you have any allergies?

당신은 알레르기가 있나요?

Useful Pattern

I'm allergic to ~ 나는 ~에 알레르기가 있다.

I'm allergic to cat hair. When a cat comes up to me, I can't stop sneezing.
나는 고양이 털에 알레르기가 있다. 고양이가 나에게 다가오면 재채기를 멈출 수가 없다.

'I'm allergic to ~'는 무엇에 알레르기가 있는지를 나타낼 때 사용할 수 있는 표현이에요. allergic은 '알레르기가 있는'이라는 의미의 형용사이며, '~를 몹시 싫어하는'이라는 의미로도 쓰여요. 또한 I have an allergy to라는 표현을 사용해도 비슷한 의미를 나타낼 수 있어요.

On Your Own

Dear diary,

Words & Phrases

dust 먼지
nuts 견과류
pollen 꽃가루
raw fish 생선회
antibiotics 항생제
cat hair 고양이 털
egg yolks 달걀 노른자

Q 265 Date. . .

What are your symptoms of stress?

당신의 스트레스 증상은 무엇인가요?

Useful Pattern

~ when I get stressed 스트레스를 받을 때는 ~한다.

I can't sleep well when I get stressed. I toss and turn all night.
스트레스를 받을 때는 잠을 잘 못 잔다. 밤새 뒤척거린다.

'~ when I get stressed'는 스트레스를 받을 때 사용할 수 있는 표현이에요. get stressed는 '스트레스를 받다'라는 의미로, when stressed로 줄여서 표현할 수 있어요. 또한 stressed 뒤에 out을 넣어 조금 더 강한 뉘앙스를 나타낼 수도 있어요.

On Your Own

Dear diary,

Words & Phrases

I overeat 과식하다
I lose my appetite 입맛을 잃다
I get forgetful 건망증이 늘다
my hands get sweaty 손에 땀이 차다
I can't sleep well 잠을 잘 못 자다
I can't concentrate 집중할 수 없다
I have skin problems 피부에 문제가 생기다

Q 266 Date. . .

Where do you want to travel?

당신은 어디로 여행 가고 싶나요?

Useful Pattern

The place I'd love to travel to is 내가 여행 가고 싶은 장소는 ~다.

The place I'd love to travel to is the Fiji Islands. I've always wanted to see the coral islands there.

내가 여행 가고 싶은 장소는 피지 제도다. 나는 항상 그곳에 있는 산호섬을 보고 싶었다.

'The place I'd love to travel to is'라는 패턴을 사용해서 여행하고 싶었던 장소에 대해 말할 수 있어요. I've always wanted는 I have always wanted의 줄임말로, 과거부터 지금까지 늘상 원했던 것을 나타내요.

On Your Own

Dear diary,

Words & Phrases

sandy beaches 백사장
Jeju Island 제주도
historic sites 유적지
medieval castle 중세시대의 성
the South Pole 남극
snow-covered mountains 눈 덮인 산
magnificent waterfalls 웅장한 폭포

Q 267 Date. . .

What food can you never get enough of?

아무리 먹어도 질리지 않는 음식은 무엇인가요?

Useful Pattern

I can never get enough of ~ ~는 아무리 먹어도 질리지 않는다.

I can never get enough of chocolate brownies. But eating them always makes me feel guilty.
초콜릿 브라우니는 아무리 먹어도 질리지 않는다. 하지만 먹을 때마다 죄책감도 든다.

'I can never get enough of ~'라는 패턴을 사용해서 몹시 즐겨서 계속 원하게 되는 대상에 대해 말할 수 있어요. 글자 그대로 직역하자면 '~을 충분히 얻을 수 없다'라는 의미이며, 아무리 취해도 부족하게 느껴질 정도로 좋아한다는 속뜻이 있어요.

On Your Own

Dear diary,

Words & Phrases

Kimchi stew 김치찌개
fried rice 볶음밥
cold noodles 냉면
chocolate brownies 초콜릿 브라우니
blueberry pancakes 블루베리 팬케이크
pumpkin pie 호박 파이
macarons 마카롱

What is your biggest weakness?

당신의 가장 큰 약점은 무엇인가요?

Useful Pattern

I have trouble 동사원형 + -ing 나는 ~하는 게 힘들다.

I have trouble saying no. So I end up taking on more than I can handle.
나는 거절하는 게 힘들다. 그래서 결국은 내가 감당할 수 있는 것보다 더 많은 일을 떠맡게 된다.

'I have trouble 동사원형 + -ing'이라는 패턴을 사용해서 무엇을 하는 게 힘든지를 나타낼 수 있어요. 이때 trouble 뒤에는 '동사원형 + -ing'를 붙여서 사용하며, It is difficult for me to라고 표현해도 비슷한 의미를 나타낼 수 있어요.

On Your Own

Dear diary,

Words & Phrases

concentrate 집중하다
say no 거절하다
control what I eat 먹는 것을 조절하다
let go of the past 과거를 잊다
get to work on time 제시간에 출근하다
get along with people 사람들과 잘 지내다
finish things 일을 끝마치다

Q 269

Date. . .

What means a lot to you?

무엇이 당신에게 큰 의미가 있나요?

Useful Pattern

~ means a lot to me ~은 내게 큰 의미가 있다.

Jin and I have been friends for more than 10 years. Our friendship means a lot to me.
진과 나는 10년 넘게 친구로 지냈다. 우리의 우정이 내게는 큰 의미가 있다.

'~ means a lot to me'의 패턴을 이용하여 자신에게 의미 있는 대상을 표현할 수 있어요. 이때 '단수 명사 + means a lot to me' 혹은 '복수 명사 + mean a lot to me'라는 형식으로 사용해요. 또한 a lot 대신 nothing이라는 표현을 사용하면 '~은 내게 아무 의미가 없다'라는 반대의 의미를 나타낼 수 있어요.

On Your Own

Dear diary,

Words & Phrases

this reward 이 상
his apology 그의 사과
this event 이 행사
her support 그녀의 지지
this performance 이 공연
our friendship 우리의 우정
his honest opinion 그의 솔직한 의견

Q 270 Date. . .

What is the best thing you've ever seen?

당신이 본 것 중 최고는 무엇인가요?

Useful Pattern

the best ~ I've ever seen 내가 본 ~ 중 최고

My husband can cook anything. He is the best cook I've ever seen in my life.
남편은 뭐든 요리할 수 있다. 그는 내가 살면서 본 사람 중 가장 요리를 잘한다.

'the best ~ I've ever seen'은 이제껏 본 중 최고임을 나타낼 때 사용하는 표현이에요. 이 때 I've는 I have의 줄임말이며, the best 뒤에는 명사가 올 수 있어요. 또한 best 대신 다른 형용사의 최상급을 사용하고, seen 대신 다른 동사를 활용하여, 지금껏 겪은 중 그 정도가 가장 강한 경험에 대해 표현할 수 있어요.

On Your Own

Dear diary,

Words & Phrases

cook 요리사
movie 영화
scene 장면
player 선수
speech 연설
performance 공연
baseball game 야구 경기

Q 271

Date. . .

What shocking news have you heard recently?

최근에 어떤 충격적인 소식을 들었나요?

Useful Pattern

I was shocked to hear of ~ ~에 대해 듣고 충격받았다.

I didn't expect our team's defeat at all. I was shocked to hear of the result.
나는 우리 팀의 패배를 전혀 예상하지 못했다. 그 결과를 듣고서 충격받았다.

'I was shocked to hear of ~'는 충격적인 소식에 대해 나타낼 때 사용하는 표현이에요. shocked는 surprised보다 한층 더 강한 놀라움을 표현해요. 이때 to hear 대신 to see(보다), to learn(알게 되다) 등 'to + 동사원형'을 활용하여 충격의 다양한 원인을 나타낼 수 있어요.

On Your Own

Dear diary,

Words & Phrases

the result 결과
the truth 진실
his sudden death 그의 갑작스러운 죽음
his marriage 그의 결혼
the bankruptcy 파산
the accident 그 사고
his illness 그의 병

Q 272

Date. . .

What made you smile today?

오늘 당신을 미소 짓게 한 것은 무엇인가요?

Useful Pattern

~ made me smile ~이 나를 미소 짓게 했다.

I built a snowman with my nephews. Our funny-looking snowman made me smile.
조카들과 함께 눈사람을 만들었다. 재미있게 생긴 눈사람이 나를 미소 짓게 했다.

'~ made me smile'은 미소 짓게 만드는 원인에 대해 나타낼 때 사용하는 표현이에요. 원래 'make 목적어 + 동사원형'은 '~가 …하게 만들다'라는 의미로 smile 대신 laugh, cry 등의 다른 동사원형을 사용하여 문장을 만들 수 있어요.

On Your Own

Dear diary,

Words & Phrases

roadside flowers 길가에 핀 꽃들
my little nephew 내 어린 조카
a gentle breeze 부드러운 산들바람
a chocolate cake 초콜릿 케이크
a cute picture of puppies 강아지의 귀여운 사진
a funny-looking snowman 재미있게 생긴 눈사람

Q 273

Date. . .

Are you superstitious?

당신은 미신을 믿나요?

Useful Pattern

I believe ~ brings bad luck 나는 ~이 불운을 가져온다고 믿는다.

I'm superstitious. I believe whistling at night brings bad luck.
나는 미신을 믿는다. 나는 밤에 휘파람을 부는 것이 불운을 불러온다고 믿는다.

'I believe ~ brings bad luck'이라는 패턴을 사용해서 무엇이 불운을 가져온다고 믿는지에 대해 말할 수 있어요. 이때 brings 앞에는 명사 혹은 '동사원형 + -ing'을 사용해요. 또한 I believe ~ brings good luck이라고 하면 '나는 ~이 행운을 가져온다고 믿는다'라는 의미가 돼요.

On Your Own

Dear diary,

Words & Phrases

a broken mirror 깨진 거울
walking under a ladder 사다리 아래를 걷는 것
sneezing 재채기를 하는 것
Friday the 13th 13일의 금요일
whistling at night 밤에 휘파람을 부는 것
a black cat crossing my path 내 앞으로 지나가는 검은 고양이

How long does it take to get to work?

출근하는 데 시간이 얼마나 걸리나요?

Useful Pattern

It takes 시간 to get to work 출근하는 데 ~이 걸린다.

My office is conveniently located. It takes less than half an hour to get to work.
사무실이 아주 편리한 위치에 있다. 출근하는 데 채 30분도 안 걸린다.

'It takes 시간 to get to work'는 출근하는 데 시간이 얼마나 걸리는지 말할 때 사용할 수 있는 표현이에요. 이때 시간 앞에 almost(거의), more than(이상), less than(미만의), at least(최소한) 등의 수식어를 추가하여 조금 더 자세하게 필요 시간을 나타낼 수 있어요.

On Your Own

Dear diary,

Words & Phrases

only five minutes 단 5분
more than an hour 한 시간 이상
half an hour 30분
at least 45 minutes 최소한 45분
almost two hours 거의 두 시간
less than half an hour 30분 이하
ten to twenty minutes 10~20분

Q 275

Date. . .

What word do you use the most?

어떤 말을 가장 많이 쓰나요?

Useful Pattern

I have a habit of saying 나는 입버릇처럼 ~라고 말한다.

I have a habit of saying "thanks." I think this word brings me more things to be thankful for.
나는 입버릇처럼 "고마워"라고 말한다. 이 단어가 내게 감사할 일을 더 가져다주는 것 같다.

'I have a habit of saying'이라는 패턴을 사용해서 자신의 말버릇을 표현할 수 있어요. saying 대신 다른 '동사원형 + -ing'를 사용하면 말버릇 이외의 다양한 버릇을 나타낼 수 있어요. I have a way of saying이라는 표현을 사용해도 비슷한 의미를 나타낼 수 있어요.

On Your Own

Dear diary,

Words & Phrases

thanks 고마워
you know 너도 알다시피
let me see 어디 한번 보자
sorry 미안해
oops 아이고
pardon? 뭐라고요?
holy cow 저런

Q 276

Date. . .

What do you need to get done today?

오늘 끝내야 하는 일은 무엇인가요?

Useful Pattern

I'll get ~ done 나는 ~를 끝마칠 것이다.

I'll get my laundry done today. I don't have any clean clothes to wear.
나는 오늘 빨래를 끝낼 것이다. 입을 만한 깨끗한 옷이 없다.

'I'll get ~ done'이라는 패턴을 사용해서 끝내려는 일을 표현할 수 있어요. 이때 get과 done 사이에는 끝내려는 대상에 해당하는 명사를 넣을 수 있어요. 상황에 따라 내가 스스로 끝내는 일일 경우 '~을 끝낼 것이다'로, 건강 검진처럼 다른 사람의 서비스를 받아 끝내는 일일 경우 '~을 받을 것이다'로 해석하면 돼요.

On Your Own

Dear diary,

Words & Phrases

my nails 손톱
my eyebrows 눈썹
my examination 검사
my health check-up 건강 검진
my hair 머리 손질
my report 보고서
my laundry 빨래

Q 277 Date. . .

What is your dream holiday?

당신이 생각하는 꿈의 휴가는 무엇인가요?

Useful Pattern

I've always dreamed of ~ 나는 항상 ~을 꿈꿔왔다.

I've always dreamed of going scuba diving. I really want to see all kinds of sea creatures.
나는 항상 스쿠버 다이빙을 하는 걸 꿈꿔왔다. 온갖 바다 생물들을 정말 보고 싶다.

'I've always dreamed of ~'라는 패턴을 사용해서 항상 꿈꿔왔던 소망에 대해 나타낼 수 있어요. I've always dreamed 뒤에는 명사, '동사원형 + -ing' 혹은 '(that) 주어 + 동사'의 형태가 올 수 있어요. 또한 always 대신 never라는 부정의 부사를 사용하면 '나는 결코 ~을 꿈꿔본 적이 없다'라는 의미가 돼요.

On Your Own

Dear diary,

Words & Phrases

go camping 캠핑을 가다
go scuba diving 스쿠버 다이빙을 하다
go skydiving 스카이다이빙을 하다
take a bike trip 자전거 여행을 하다
climb Mt. Everest 에베레스트산을 등반하다
go on a round-the-world cruise 세계 일주 유람선 여행을 가다

Q 278

Date. . .

What hurt your feelings today?

오늘 무엇 때문에 감정이 상했나요?

Useful Pattern

I'm upset about ~ ~해서 속상하다.

I spent too much money on this dress. I'm upset about getting ripped off.
이 옷을 사는 데 돈을 너무 많이 썼다. 바가지를 써서 속상하다.

'I'm upset about ~'라는 패턴을 사용해서 속상한 원인에 대해 나타낼 수 있어요. about 뒤에는 명사, '동사원형 + -ing' 혹은 'that + 주어 + 동사'의 형태가 올 수 있어요. 또한 What are you upset about?이라는 의문문을 사용하면 상대방이 속상해하는 이유에 대해 물을 수 있어요.

On Your Own

Dear diary,

Words & Phrases

stay home alone 집에 혼자 있다
quit my job 일을 그만두다
get older 나이가 들다
get ripped off 바가지를 쓰다
break up with my boyfriend 남자친구와 헤어지다
fail my driver's test 운전면허 시험에 떨어지다

Q 279

Date. . .

Write down one characteristic of a mentally strong person.

정신적으로 강한 사람의 특징을 써보세요.

Useful Pattern

Mentally strong people tend to ~ 정신적으로 강한 사람들은 ~하는 경향이 있다.

Mentally strong people tend to learn from their mistakes. They don't try to make excuses for their failures.

정신적으로 강한 사람들은 실수에서 배우는 경향이 있다. 그들은 자신의 실패에 대해 변명하려고 하지 않는다.

'Mentally strong people tend to ~'는 정신적으로 강한 사람들의 경향에 대해 말할 때 사용하는 표현이에요. 이때 mentally strong은 '정신적으로 강한'이라는 의미이며, physically strong(신체적으로 강한)과 대비되는 표현이에요. 또한 tend to는 '~하는 경향이 있다'라는 의미로, 뒤에 동사원형을 사용할 수 있어요.

On Your Own

Dear diary,

Words & Phrases

be confident 자신이 있다

express gratitude 감사를 표현한다

learn from their mistakes 실수로부터 배운다

control their emotions 자신의 감정을 통제한다

have an optimistic attitude 낙관적인 태도를 갖는다

Q 280

Date.　　.　　.

How do you keep your room tidy?

당신은 어떻게 방을 깨끗하게 유지하나요?

Useful Pattern

I ~ to keep my room tidy 나는 방을 정돈하기 위해 ~한다.

I put things back in the right place to keep my room tidy. I try to put the clothes I wore back in the closet.

나는 방을 정돈하기 위해 물건을 제자리에 둔다. 입은 옷은 다시 옷장에 넣어두려고 노력한다.

'I ~ to keep my room tidy'는 방을 정돈된 상태로 유지하기 위해 무엇을 하는지에 대해 말할 때 사용하는 표현이에요. 이때 to keep은 '유지하기 위해'라는 의미로, in order to keep으로도 표현할 수 있어요. 또한 tidy는 '잘 정돈된'이라는 의미의 형용사예요.

On Your Own

Dear diary,

Words & Phrases

wash my clothes daily 매일 세탁하다

put things in place 물건을 제자리에 두다

make the bed the right every day 매일 잠자리를 정리하다

schedule time for cleaning 청소 시간을 정해두다

empty the trash cans every day 매일 쓰레기통을 비우다

Q 281

Date. . .

When was the last time you cried?

마지막으로 울었던 게 언제인가요?

Useful Pattern

I was moved to tears by ~ 나는 ~에 눈시울이 뜨거워졌다.

The last time I cried was yesterday. I got a sweater from my mom, and I was moved to tears by her gift.
마지막으로 울었던 때는 어제다. 엄마에게 스웨터를 받았고, 엄마의 선물에 눈시울이 뜨거워졌다.

'I was moved to tears by ~'는 무엇 때문에 눈시울이 뜨거워졌는지에 대해 말할 때 사용하는 표현이에요. 이때 by 뒤에는 눈물을 흘리게 만든 원인에 해당하는 명사를 넣어서 문장을 완성할 수 있어요.

On Your Own

Dear diary,

Words & Phrases

her gift 그녀의 선물
his speech 그의 연설
his performance 그의 공연
his generosity 그의 관대함
their kindness 그들의 친절함
the horrific scenes 끔찍한 광경
the tragic story 비극적인 이야기

Q 282

Date. . .

What is the best part of your day?

하루 중 언제가 가장 좋은가요?

Useful Pattern

The best part of my day is ~ 내가 하루 중 가장 좋아하는 때는 ~다.

The best part of my day is dawn. With a cup of hot coffee, I go to the terrace and feel the fresh air.
내가 하루 중 가장 좋아하는 때는 새벽이다. 뜨거운 커피 한 잔을 들고, 테라스로 가서 신선한 공기를 느낀다.

'The best part of my day is ~'는 하루 중 가장 좋아하는 때가 언제인지에 대해 말할 때 사용하는 표현이에요. 이때 of는 '~중에', part는 '부분'이라는 의미로 각각 쓰였어요. My favorite time of day is라고 해도 비슷한 의미를 나타낼 수 있어요.

On Your Own

Dear diary,

Words & Phrases

dawn 새벽
midnight 자정
sunset 해 질 녘
the whole day 온종일
the late afternoon 늦은 오후
just before bedtime 잠들기 직전
the early evening hours 이른 저녁 시간

Q 283 Date. . .

What is the first thing you do after finishing work?

일을 마친 후 가장 먼저 하는 일은 무엇인가요?

Useful Pattern

I ~ right after finishing work 나는 일을 마친 직후에 ~한다.

I drink a glass of water right after finishing work. I always have it ready by my desk.
나는 일을 마친 직후에 물 한잔을 마신다. 나는 항상 책상 곁에 물을 준비해둔다.

'I ~ right after waking up'은 일을 마친 직후 무엇을 하는지에 대해 말할 때 사용하는 표현이에요. 이때 right는 '바로'라는 의미의 부사이며, right after finishing은 as soon as I finish으로 풀어서 표현할 수도 있어요.

On Your Own

Dear diary,

Words & Phrases

meditate 명상하다
wash my face 세수하다
brush my teeth 이를 닦다
stretch my body 몸을 스트레칭하다
drink a glass of water 물 한잔을 마시다
have a light meal 가볍게 식사하다
make a fresh fruit juice 신선한 과일 주스를 만들다

Q 284

Date. . .

What is the best way to make a good first impression?

좋은 첫인상을 주는 가장 좋은 방법은 무엇인가요?

Useful Pattern

~ is the first step toward creating a great first impression

~이 좋은 첫인상을 주는 첫걸음이다.

Giving a warm smile is the first step toward creating a great first impression. As the saying goes, "Smile, and the world smiles too."

따뜻한 미소를 짓는 것이 좋은 첫인상을 주는 첫걸음이다. 속담처럼 "미소를 지으면 온 세상이 미소를 지으니까."

'~ is the first step toward creating a great first impression'는 좋은 첫인상을 주는 방법에 대해 말할 때 사용하는 표현이에요. 이때 the first step toward는 '~를 향한 첫걸음'이라는 의미이며, toward 대신 to를 써도 비슷한 의미를 나타낼 수 있어요.

On Your Own

Dear diary,

Words & Phrases

be a careful listener 경청하다
make eye contact 시선을 마주치다
use small talk 가벼운 대화를 나누다
find common ground 공통점을 찾다
give a warm smile 따뜻한 미소를 짓다
show a sense of humor 유머 감각을 보이다

Q 285

Date.   .   .

What would you bring to a deserted island?

무인도에 무엇을 가지고 가겠습니까?

Useful Pattern

I would bring ~ to a deserted island 나는 무인도에 ~을 가져갈 것이다.

I would bring a knife to a deserted island. It can be used not only for protection but also for hunting.
나는 무인도에 칼을 가져갈 것이다. 보호뿐 아니라 사냥에도 쓰일 수 있다.

'I would bring ~ to a deserted island'는 무인도에 가져갈 물건에 대해 말할 때 사용하는 표현이에요. 이때 조동사 would는 '상상'과 '의지'의 의미를 모두 담고 있으며, deserted는 '사람이 살지 않는, 버려진'이라는 의미로, uninhabited island로 바꿔서 표현할 수도 있어요.

On Your Own

Dear diary,

Words & Phrases

a knife 칼
bug spray 방충제
a flashlight 손전등
sunblock 자외선 차단제
a fishing net 고기잡이 그물
a box of matches 성냥 한 갑
an inflatable rubber raft 공기를 넣어 부풀릴 수 있는 고무 보트

Q 286

Date. . .

Which animal would you like as a pet? And why?

어떤 동물을 키우고 싶나요? 이유가 뭔가요?

Useful Pattern

They are such good companions because they ~ 그들은 ~ 때문에 좋은 동반자다.

I'd like a dog. They are such good companions because they give me unconditional love.
나는 개를 키우고 싶다. 그들은 내게 조건 없는 사랑을 주기 때문에 좋은 동반자다.

'They are such good companions because they ~'는 어떤 반려동물이 좋은 동반자가 되는 이유에 대해 말할 때 사용하는 표현이에요. 이때 companion은 '친구, 동료, 반려'라는 의미이며, because 뒤에는 '주어 + 동사'의 형태로 이유를 덧붙이면 돼요.

On Your Own

Dear diary,

Words & Phrases

are intelligent 똑똑하다
protect me 나를 보호하다
comfort me 나를 위로하다
cheer me up 기운을 북돋워준다
help me stay active 내가 활동적으로 되도록 돕는다
give me unconditional love 내게 조건 없는 사랑을 준다

Q 287

Date.

What is the best way to kill time without a smartphone?

스마트폰 없이 시간을 보내는 가장 좋은 방법은 무엇인가요?

Useful Pattern

~ is a good way to kill time ~는 시간을 보내는 좋은 방법이다.

Jotting down my ideas is a good way to kill time. It also helps me organize my thoughts.
아이디어를 적어두는 것은 시간 보내기에 좋은 방법이다. 생각을 정리하는 데에도 도움이 된다.

'~ is a good way to kill time'은 시간 보내기 좋은 방법에 대해 말할 때 사용하는 표현이에요. 이때 kill time은 '시간을 보내다'라는 의미로, spend time 혹은 pass time으로도 바꿔 표현할 수 있어요. 또한 is 앞에는 명사 혹은 '동사원형 + -ing' 형태를 사용할 수 있어요.

On Your Own

Dear diary,

Words & Phrases

taking selfies 셀카를 찍는 것
daydreaming 몽상에 잠기는 것
listening to music 음악을 듣는 것
reading newspapers 신문을 읽는 것
talking with a friend 친구와 얘기하는 것
jotting down my ideas 아이디어를 적어두는 것
playing a board game 보드게임을 하는 것

Q 288 Date. . .

What is the best way to meet new friends?

새로운 친구를 만나는 가장 좋은 방법은 무엇인가요?

Useful Pattern

~ is a great way to meet new friends ~는 새로운 친구를 만나는 좋은 방법이다.

Joining a gym is a great way to meet new friends. A workout buddy could become a friend outside the gym as well.
헬스장에 등록하는 것은 새 친구를 만나는 좋은 방법이다. 운동을 같이 하는 친구가 헬스장 밖에서도 친구가 될 수 있다.

'~ is a great way to meet new friends'는 새로운 친구를 만나는 방법에 대해 말할 때 사용하는 표현이에요. 이때 meet new friends는 '새로운 친구를 만나다'라는 의미로, make new friends로도 바꿔 표현할 수 있으며, is 앞에는 명사나 '동사원형 + -ing'의 형태를 사용해요.

On Your Own

Dear diary,

Words & Phrases

do some volunteer work 자원봉사를 하다
join a gym 헬스장에 등록하다
go to bars 바에 가다
join a book club 독서회에 가입하다
go to the beach 해변에 가다
join a religious group 종교단체에 가입하다

Q 289 Date. . .

What reminds you of your childhood?

어린 시절이 떠오르게 하는 건 뭐가 있나요?

Useful Pattern

~ reminds me of my childhood ~는 내게 어린 시절이 떠오르게 한다.

Hide-and-seek reminds me of my childhood. I used to play that game a lot with my friends after school.
숨바꼭질은 나에게 어린 시절이 떠오르게 만든다. 방과 후에 친구들과 숨바꼭질을 많이 했다.

'~ reminds me of my childhood'는 어린 시절이 떠오르게 만드는 요인에 대해 말할 때 사용하는 표현이에요. 이때 remind A of B에는 'of + 명사' 이외에도, 'about + 명사', 'to + 동사원형', 'that + 주어 + 동사' 등의 다양한 형태가 올 수 있어요.

On Your Own

Dear diary,

Words & Phrases

fireworks 불꽃놀이
playgrounds 놀이터
water slides 워터 슬라이드
hide-and-seek 숨바꼭질
amusement parks 놀이동산
crayon drawings 크레용 그림
an ice cream truck 아이스크림 트럭

Q 290 Date. . .

What are the types of people you should avoid?

어떤 부류의 사람들을 피해야 하나요?

Useful Pattern

I try to stay away from people who ~ 나는 ~ 사람들은 멀리하려고 한다.

I try to stay away from people who complain all the time. They have negative effects on those around them.
나는 항상 불평하는 사람들을 멀리하려고 한다. 그들은 주변 사람들에게 부정적인 영향을 끼친다.

'I try to stay away from people who ~'는 어떤 부류의 사람들을 멀리하는지에 대해 말할 때 사용하는 표현이에요. 이때 stay away from은 '가까이하지 않는다, 거리를 둔다'라는 의미로, 'not go near'로도 비슷한 의미를 전할 수 있어요.

On Your Own

Dear diary,

Words & Phrases

complain all the time 항상 불평하다
speak ill of others 다른 사람들 험담을 하다
bring my self-esteem down 내 자존감을 깎아내리다
never appreciate anything 어떤 것에도 감사하지 않다
take advantage of me 자신의 이익을 위해 나를 이용하다

Q 291

Date. . .

What is your favorite song? And why?

당신이 가장 좋아하는 곡은 무엇인가요? 이유는 뭔가요?

Useful Pattern

What I love most about this song is ~ 이 곡에서 가장 마음에 드는 점은 ~다.

My all-time favorite song is *I Wish You Love*. What I love most about this song is its poetic lyrics.
내가 가장 좋아하는 곡은 <I Wish You Love>다. 이 곡에서 가장 마음에 드는 점은 그 시적인 가사다.

'What I love most about this song is ~'은 어떤 곡에서 가장 마음에 드는 점에 대해 말할 때 사용하는 표현이에요. what I love most는 '가장 마음에 드는 점'이라는 의미로, 이때 what은 '무엇'이 아니라 '~점, ~것'이라고 해석한다는 점에 유의하세요.

On Your Own

Dear diary,

Words & Phrases

its music video 뮤직 비디오
its poetic lyrics 시적인 가사
its sweet melody 감미로운 선율
its exciting rhythm 신나는 리듬
his incredible voice 그의 멋진 목소리
the message it gives 그 곡이 전하는 메시지
the untold story behind it 그 곡의 알려지지 않은 뒷이야기

Q 292

Date. . .

What are some lessons that life taught you?

삶이 당신에게 가르쳐준 교훈은 무엇인가요?

Useful Pattern

A lesson that life taught me is that ~ 삶이 내게 가르쳐준 교훈은 ~라는 것이다.

A lesson that life taught me is that life is short. That's why I should try to cherish every moment of it.
삶이 내게 가르쳐준 교훈은 인생은 짧다는 것이다. 그것이 내가 삶의 매 순간을 소중히 여겨야 하는 이유다.

'A lesson that life taught me is that ~'는 삶의 교훈에 대해 말할 때 사용하는 표현이에요. 이때 lesson은 '수업'이 아니라, '교훈'이라는 의미로 사용되었으며, that 뒤에는 '주어 + 동사'의 형태를 사용할 수 있어요. A lesson I've learned in my life is that이라고 표현해도 비슷한 의미를 전할 수 있어요.

On Your Own

Dear diary,

Words & Phrases

life is short 인생은 짧다
life is a gift 삶은 선물이다
life isn't fair 삶은 공평하지 않다
you reap what you sow 뿌린 대로 거둔다
nothing lasts forever 영원한 것은 없다
family matters most 가족이 가장 중요하다
you are never alone 당신은 혼자가 아니다

Q 293 Date. . .

What is an interesting fact about you?

당신에 대한 재미있는 사실은 뭔가요?

Useful Pattern

An interesting fact about me is that ~ 나에 대한 재미있는 사실은 ~한다는 것이다.

An interesting fact about me is that I easily get cold. I carry a portable heater with me at all times.
나에 대한 재미있는 사실은 내가 추위를 잘 탄다는 것이다. 이동식 히터를 항상 가지고 다닌다.

'An interesting fact about me is that ~'는 나에 대한 재미있는 사실을 소개할 때 사용하는 표현이에요. 이때 that 뒤에는 '주어 + 동사'가 오고, An interesting fact 대신에 A surprising fact(놀라운 사실), A fun fact(재미있는 사실) 등을 사용할 수도 있어요.

On Your Own

Dear diary,

Words & Phrases

I love to sing 노래하는 것을 좋아한다
I collect perfumes 향수를 수집한다
I can cook very well 요리를 매우 잘한다
I have bad eyesight 시력이 나쁘다
I love horror movies 공포 영화를 좋아한다
I have four older sisters 네 명의 언니가 있다

Q 294

Date. . .

What are good topics for small talk?

가벼운 대화로 좋은 소재는 무엇인가요?

Useful Pattern

~ is one of the best small talk topics ~은 가벼운 대화의 가장 좋은 소재 중 하나다.

Restaurants nearby is one of the best small talk topics. I ask which restaurants they would recommend and which dishes I should order.
근처 식당은 가벼운 대화의 가장 좋은 소재 중 하나다. 나는 어떤 레스토랑을 추천하는지, 어떤 음식을 주문해야 할지를 물어본다.

'~ is one of the best small talk topics'는 가벼운 대화의 소재에 대해 말할 때 사용하는 표현이에요. small talk는 '사교적인 자리에서 예의상 나누는 가벼운 대화, 한담'이라는 의미예요.

On Your Own

Dear diary,

Words & Phrases

sports 스포츠
weather 날씨
hobbies 취미
recent news 최신 뉴스
weekend plans 주말 계획
summer vacation 여름 휴가
restaurants nearby 근처 식당

Q 295

Date. . .

What are some lessons that you can learn from children?

아이들에게서 배울 수 있는 교훈은 무엇인가요?

Useful Pattern

Children teach me to ~ 아이들은 내게 ~하도록 가르쳐준다.

As an adult, I rarely get out of my comfort zone. Children teach me to try new things.
어른으로서 나는 좀처럼 안락한 일상에서 벗어나지 않는다. 하지만 아이들은 내게 새로운 것들을 시도하도록 가르쳐준다.

'Children teach me to ~'는 아이들이 가르쳐주는 교훈에 대해 말할 때 사용하는 표현이에요. 이때 teach는 '가르치다, 깨닫게 하다'라는 의미로, teach 뒤에는 가르치는 대상과 가르쳐준 내용이 각각 목적어와 'to + 동사원형'의 형태로 오게 돼요.

On Your Own

Dear diary,

Words & Phrases

have fun 즐기다
be active 활동적이다
be fearless 두려움이 없다
laugh out loud 큰 소리로 웃다
notice the little things 사소한 것들을 알아차리다
be happy for no reason 아무 이유 없이도 행복하다

Q 296

Date. . .

What would you do if the earth were to be destroyed in the next hour?

한 시간 후에 지구가 멸망한다면 무엇을 할 건가요?

Useful Pattern

If the earth were to be destroyed in the next hour, I would ~

만약 지구가 한 시간 후 멸망한다면, 나는 ~ 할 것이다.

If the earth were to be destroyed in the next hour, I would call my family. I don't think there would be enough time to visit them.

만약 지구가 한 시간 후 멸망한다면, 나는 가족한테 전화를 걸 것이다. 직접 찾아갈 시간은 충분하지 않을 거다.

'If the earth were to be destroyed in the next hour, I would ~'는 지구가 한 시간 후에 멸망한다는 가정에 대해 말할 때 사용할 수 있는 표현이에요. 이때 상상임을 나타내기 위해 'If 주어 were to ~, 주어 would 동사원형'이라는 '가정의 표현'을 사용했어요.

On Your Own

Dear diary,

Words & Phrases

say a prayer 기도를 하다
hug my sister 여동생을 안아주다
call my family 가족에게 전화하다
visit my family 가족을 방문하다
eat my favorite meal 가장 좋아하는 음식을 먹다
say goodbye to the ones I love 사랑하는 이들에게 작별 인사하다

Q 297

Date. . .

How would your friends describe you?

당신의 친구들은 당신을 어떻게 설명할까요?

Useful Pattern

My friends would describe me as ~ 내 친구들은 나를 ~라고 할 것이다.

My friends would describe me as picky. They think I have high standards for a lot of things.
내 친구들은 나를 까다롭다고 할 것이다. 그들은 내가 많은 걸 판단하는 기준이 높다고 생각한다.

'My friends would describe me as ~'는 나에 대한 친구들의 평가에 대해 말할 때 사용할 수 있는 표현이에요. 이때 would는 '~할 것이다'라는 '추측'의 의미이며, describe A as B는 'A를 B로 묘사하다'라는 의미로 as 뒤에는 다양한 형용사를 사용할 수 있어요.

On Your Own

Dear diary,

Words & Phrases

funny 웃긴
active 활발한
entertaining 재미있는
brave 용감한
timid 겁이 많은
careful 조심성 있는
caring 배려심 있는

Q 298

Date. . .

What kind of movies do you like to watch?

어떤 종류의 영화를 보고 싶나요?

Useful Pattern

I like to watch movies with ~ 나는 ~가 있는 영화를 보고 싶다.

I like to watch movies with a twist. They force me to use my brain.
나는 반전이 있는 영화를 보고 싶다. 그런 영화들은 내가 머리를 쓰도록 만든다.

'I like to watch movies with ~'는 보고 싶은 영화의 종류에 대해 말할 때 사용할 수 있는 표현이에요. 이때 전치사 with는 '~이 있는'이라는 '소유'의 의미로, movies with를 movies which have로 바꿔 표현할 수도 있어요.

On Your Own

Dear diary,

Words & Phrases

car chase scenes 자동차 추격 장면
a twist 반전
witty dialogues 재치 있는 대화
a good storyline 탄탄한 줄거리
a social message 사회적 메시지
funny characters 재미있는 인물들
A-list actors A급 배우

Q 299

Date. . .

What was a challenge that you overcame today?

오늘 힘들지만 해낸 일은 무엇인가요?

Useful Pattern

A challenge that I overcame today was ~ 내가 오늘 해낸 일은 ~다.

A challenge that I overcame today was waking up early in the morning. I am so nocturnal.
내가 오늘 해낸 일은 아침에 일찍 일어나기다. 나는 정말 야행성이다.

'A challenge that I overcame today was ~'는 자신이 해낸 힘든 일에 대해 말할 때 사용할 수 있는 표현이에요. 이때 challenge는 '많은 노력이 드는 힘든 일, 도전'이라는 의미이며, overcome은 '극복하다'라는 뜻으로 get over로 바꿔 표현할 수 있어요.

On Your Own

Dear diary,

Words & Phrases

driving back home 집으로 운전해 오다
go to the gym 운동하러 가다
look after a baby all day 종일 아기를 돌보다
tidy up my desk 책상을 정리하다
make a report 보고서를 작성하다
have a difficult conversation 어려운 대화를 나누다

Q 300 Date. . .

What are you fond of reading?

당신은 무엇을 읽는 걸 좋아하나요?

Useful Pattern

I'm an avid reader of ~ 나는 ~의 열렬한 독자다.

I'm an avid reader of nonfiction books. I don't enjoy made-up stories.
나는 논픽션의 열렬한 독자다. 나는 지어낸 이야기는 좋아하지 않는다.

'I'm an avid reader of ~'는 어떤 종류의 책을 즐겨 읽는지에 대해 말할 때 사용할 수 있는 표현이에요. 이때 avid reader는 '열렬한 독자'라는 의미로, avid 대신 enthusiastic(열성적인)이라는 단어를 사용해도 비슷한 의미를 나타낼 수 있어요.

On Your Own

Dear diary,

Words & Phrases

comic books 만화책
nonfiction books 논픽션 도서
short stories 단편소설
adventure stories 모험 소설
fashion magazines 패션 잡지
detective stories 탐정 소설
news articles 뉴스 기사

Q 301 Date. . .

How many years have passed since you left school?

학교를 졸업한 지 몇 년이 지났나요?

Useful Pattern

시간 have passed since ~ ~한 지 (시간)이 지났다.

Ten years have passed since I graduated from university. But the school remains unchanged.
대학을 졸업한 지 10년이 지났다. 하지만 학교는 변하지 않은 채 그대로다.

'시간 have passed since ~'는 어떤 일이 발생한 후 얼마의 시간이 경과했는지를 말할 때 사용할 수 있는 표현이에요. 이때 have passed 앞에는 days, weeks, months, years 등의 다양한 시간 표현이 들어갈 수 있으며, since 뒤에는 '주어 + 과거동사' 혹은 명사를 사용할 수 있어요.

On Your Own

Dear diary,

Words & Phrases

he moved out 그가 이사를 갔다
I left my hometown 고향을 떠났다
I broke up with him 그와 헤어졌다
we last met 우리가 마지막으로 만났다
I graduated from university 대학을 졸업했다
I last visited Vietnam 마지막으로 베트남을 방문했다

Q 302

Date. . .

What is the first thing you notice about someone?

누군가를 볼 때 가장 먼저 보는 게 뭔가요?

Useful Pattern

I can learn so much about a person from ~ 나는 ~을 보면 그 사람에 대해 많은 것을 알 수 있다.

I can learn so much about a person from their eyes. The eyes really are the windows to the soul.
나는 사람들의 눈을 보면 그 사람에 대해 많은 것을 알 수 있다. 눈은 정말 영혼의 창이다.

'I can learn so much about a person from ~'은 무엇을 보고 타인을 잘 파악할 수 있는지 말할 때 사용하는 표현이에요. 이때 from은 '근거를 나타내는 전치사'로 뒤에는 명사 혹은 '동사원형 + -ing'의 형태가 올 수 있어요. learn 대신 tell을 넣어도 비슷한 의미를 표현할 수 있어요.

On Your Own

Dear diary,

Words & Phrases

their eyes 눈
their hands 손
their posture 자세
their handwriting 필체
the way they talk 말하는 방식
their facial expressions 얼굴 표정
the way they dress 옷을 입는 방식

Q 303

Date. . .

What part of your job do you love?

자신의 일에서 어떤 점을 좋아하나요?

Useful Pattern

~ is the most wonderful experience in my life ~는 내 인생에서 가장 멋진 경험이다.

I do love my job as a stay-at-home mom. Raising a child is the most wonderful experience in my life.
전업주부로서의 내 일을 사랑한다. 아이를 기르는 건 내 인생에서 가장 멋진 경험이다.

'~ is the most wonderful experience in my life'는 지금까지 경험한 것 중 가장 멋진 경험에 대해 말할 때 사용하는 표현이에요. 이때 is 앞에는 명사나 '동사원형 + -ing'의 형태가 올 수 있어요. 또한 ~ is the worst experience in my life라고 하면 '~이 내 인생 최악의 경험이야'라는 반대의 의미를 전할 수 있어요.

On Your Own

Dear diary,

Words & Phrases

bake bread 빵을 굽다
raise a child 아이를 기르다
design buildings 건물을 설계하다
treat sick animals 아픈 동물들을 치료하다
teach students 학생들을 가르치다
take care of patients 환자를 돌보다
style clients' hair 고객의 헤어스타일을 만들다

Q 304 Date. . .

What do you do to get better skin?

피부가 좋아지기 위해 무엇을 하나요?

Useful Pattern

It is said that ~ is/are good for the skin ~이 피부에 좋다고 한다.

It is said that lemons are good for the skin. So I drink lemon water every day.
레몬이 피부에 좋다고들 한다. 그래서 나는 레몬 물을 매일 마신다.

'It is said that ~ is good for the skin'은 사람들이 흔히 무엇이 피부에 좋다고 하는지에 대해 말할 때 사용하는 표현이에요. 이때 that 뒤에는 명사나 '동사원형 + -ing'의 형태가 올 수 있어요. 또한 it is said that 대신 people say that 혹은 I heard that이라는 표현을 사용해도 비슷한 의미를 전할 수 있어요.

On Your Own

Dear diary,

Words & Phrases

lemons 레몬
facial masks 마스크팩
getting enough sleep 충분한 수면
eating fruits 과일을 먹는 것
a balanced diet 균형 잡힌 식사
regular facials 정기적인 얼굴 마사지
drinking more water 물을 더 많이 마시는 것

Q 305 Date. . .

What makes your heart race?

무엇이 당신의 심장을 빨리 뛰게 하나요?

Useful Pattern

~ makes my heart beat fast ~가 내 심장을 빨리 뛰게 한다.

An exciting game of cards with my friends makes my heart beat fast. It brings so much joy in my life.
친구들과의 흥미진진한 카드 게임이 내 심장을 빨리 뛰게 만든다. 내 삶에 큰 기쁨을 가져다준다.

'~ makes my heart beat fast'라는 패턴은 무엇이 불안감 혹은 기대감으로 내 심장을 빨리 뛰게 하는지에 대해 이야기할 때 사용할 수 있는 표현이에요. 이때 makes 앞에는 명사나 '동사원형 + -ing'를 사용할 수 있어요. 또한 beat fast 대신 race 혹은 pound 등의 동사를 사용해도 비슷한 의미를 나타낼 수 있어요.

On Your Own

Dear diary,

Words & Phrases

anxiety 불안감
snowboarding 스노보드를 타는 것
drinking coffee 커피를 마시는 것
the roller coaster 롤러코스터
riding on a motorcycle 오토바이를 타는 것

Q 306

Date. . .

Who is your role model? And why?

당신의 롤모델은 누구인가요? 이유가 뭔가요?

Useful Pattern

He/She has shown me what ~ looks like 그/그녀는 내게 ~이 어떤 것인지 보여주었다.

I want to be like my father. He has shown me what diligence looks like.
나는 아버지처럼 되고 싶다. 그는 근면이 어떤 것인지를 보여주셨다.

'He/She has shown me what ~ looks like'는 누군가 몸소 보여준 바에 대해 말할 때 사용할 수 있는 표현이에요. what과 like는 함께 쓰여 '어떤'이라는 의미를 갖게 돼요. has taught me what ~ looks like라고 표현해도 비슷한 의미를 나타낼 수 있어요.

On Your Own

Dear diary,

Words & Phrases

sacrifice 희생
leadership 지도력
honesty 정직
responsibility 책임
diligence 근면
kindness 친절
devotion 헌신

Q 307 Date. . .

What is the last thing you want to do?

당신은 무엇이 정말 하기 싫은가요?

Useful Pattern

The last thing I want to do is ~ 정말 ~하고 싶지 않다.

I finally managed to put my baby to sleep. The last thing I want to do is wake him up now.
간신히 아기를 재웠다. 지금은 정말 깨우고 싶지 않다.

'The last thing I want to do is ~'는 하고 싶지 않는 일을 표현할 때 사용할 수 있는 패턴이에요. 글자 그대로 해석하면 '내가 하길 원하는 일 중 마지막'이라는 의미이므로, 그만큼 하고 싶지 않은 일이라고 이해할 수 있어요. 이때 is 뒤에는 동사원형을 사용할 수 있어요.

On Your Own

Dear diary,

Words & Phrases

lose my job 직장을 잃다
tell a lie 거짓말을 하다
make him cry 그를 울리다
upset him 그를 화나게 하다
wake him up 그를 깨우다
scare her 그녀를 겁나게 하다
hurt his feelings 그의 감정을 상하게 하다

Q 308

Date. . .

What is your least favorite piece of furniture?

당신이 가장 싫어하는 가구는 무엇인가요?

Useful Pattern

I guess my least favorite would be ~ ~가 내가 가장 싫어하는 게 아닐까 싶다.

I guess my least favorite would be a chair. I hate sitting down for a long period of time.
의자가 내가 가장 싫어하는 가구가 아닐까 싶다. 나는 장시간 앉아 있는 걸 정말 싫어한다.

'I guess my least favorite would be ~'는 싫어하는 것을 완곡하게 표현할 수 있는 패턴이에요. 확실하지 않을 때는 I guess를 붙여 '아마도 그럴 것'이라는 뜻을 전할 수 있습니다. my least favorite은 직역하면 '내가 가장 적게 선호하는 것'으로 싫어하는 것을 뜻해요.

On Your Own

Dear diary,

Words & Phrases

couch 긴 의자
sofa 소파
dining table 식탁
bedside table 침대 옆에 두는 작은 탁자
dresser 서랍장
dressing table 화장대

Q 309

Date. . .

What cuisine do you like the most?

당신은 어떤 요리를 가장 좋아하나요?

Useful Pattern

My all-time favorite cuisine is ~ 내가 늘 가장 좋아하는 요리는 ~다.

I am not picky at all when it comes to food, but my all-time favorite cuisine is Italian.

나는 음식에 있어서는 전혀 까다롭지 않지만, 내가 늘 가장 좋아하는 요리는 이탈리안 요리다.

'My all-time favorite cuisine is ~'로 좋아하는 요리나 요리법을 표현할 수 있어요. cuisine은 요리법이나 주로 비싼 레스토랑의 요리를 뜻해요. 같은 '요리'를 뜻하는 dish와는 달리 요리의 출신 지역과 같이 써서 Italian cuisine(이탈리아 요리), Japanese cusine(일본 요리)처럼 사용합니다.

On Your Own

Dear diary,

Words & Phrases

Mexican 멕시칸
French 프랑스의
Vietnamese 베트남의
vegan 채식주의
pescatarian 페스카테리언
Thai 태국의

Q 310 Date. . .

What genre of television shows do you like watching?

당신은 어떤 장르의 텔레비전 채널을 즐겨보나요?

Useful Pattern

I love to watch ~ the most 나는 ~을 보는 것을 가장 좋아한다.

I love to watch the Disney Channel the most. It always has goofy characters that make me laugh.
나는 디즈니 채널을 가장 좋아한다. 항상 나를 웃게 하는 바보 같은 캐릭터들이 있다.

'I love to watch ~ the most'는 무언가를 좋아한다고 말할 때 사용할 수 있는 패턴이에요. 그다음에는 좋아하는 대상을 쓰고 마지막으로 'the most'를 붙이면 가장 좋아한다고 강조할 수 있습니다.

On Your Own

Dear diary,

Words & Phrases

the news 뉴스
mini series 미니 시리즈
dramas 드라마
comedy shows 코미디
music channels 음악 채널
educational channels 교육적인 채널

Q 311

Date. . .

What is your least favorite sport?

당신이 가장 싫어하는 운동은 무엇인가요?

Useful Pattern

I just cannot stand ~ ~는 도저히 못 하겠다.

I love most sports, but I just cannot stand rock climbing. I keep falling down!
나는 대부분의 운동을 좋아하는데, 암벽 등반은 도저히 못 하겠다. 계속 떨어진다!

'cannot stand'는 글자 그대로 해석하면 '견딜 수 없다'는 뜻으로, 무언가를 도저히 할 수 없을 때 사용하는 패턴이에요. 이때 stand 뒤에는 명사가 옵니다. just(단지)를 넣어서 '이것만은 못 하겠다'라고 강조할 수 있어요.

On Your Own

Dear diary,

Words & Phrases

snorkeling 스노클링
triathlon 철인 3종 경기
alpine skiing 산악 스키
curling 컬링
cross country running 크로스 컨트리 달리기/경주
horseback riding 승마
sprinting 육상의 단거리 달리기

Q 312 Date. . .

What animal would you like to see when you go to the zoo?

당신은 동물원에 가면 어떤 동물을 가장 보고 싶은가요?

Useful Pattern

I know I would love to see ~ 나는 내가 ~을 보면 좋아할 걸 안다.

I know I would love to see a giraffe. I cannot believe how tall they are.
나는 내가 기린을 보면 좋아할 걸 안다. 기린이 얼마나 키가 큰지 모른다.

'I know I would love to see ~'는 내가 보고 싶은 대상을 표현할 때 사용할 수 있는 패턴이에요. I want to see라고 바꿔 쓸 수도 있고 see 외에도 다양한 동사를 넣어 하고 싶은 것을 표현할 수 있어요.

On Your Own

Dear diary,

Words & Phrases

red panda 너구리판다
zebra 얼룩말
beluga whale 벨루가
whale shark 고래 상어
starfish 불가사리
lion 사자
chameleon 카멜레온

Q 313 Date. . .

What type of artwork do you like?

어떤 미술 작품을 좋아하나요?

Useful Pattern

I saw 명사 and I think that is my favorite ~를 봤는데 그게 내가 가장 좋아하는 작품인 것 같다.

Recently, I saw an impressionist painting, and I think that is my favorite. It had such nice mixture of colors.

최근에 인상파 작품을 봤는데, 그게 내가 가장 좋아하는 작품인 것 같다. 다양한 색의 조화가 너무 좋았다.

'I saw 명사 and I think that is my favorite'은 내가 좋아하는 것을 표현할 수 있는 패턴이에요. 앞에서 좋아하는 대상을 먼저 말한 다음 that(그것)이 내가 가장 좋아하는 것이라고 말할 수 있어요.

On Your Own

Dear diary,

Words & Phrases

romantic painting 낭만주의 작품
post-modern painting 포스트모던주의 작품
digital work 디지털 작품
sculpture 조각
acrylic painting 아크릴화

Q 314 Date. . .

What instrument would you like to learn to play?

어떤 악기를 배우고 싶나요?

Useful Pattern

If I could learn to play any instrument, I would pick ~

만약 내가 어떤 악기라도 배울 수 있다면, 나는 ~을 선택할 것이다.

If I could learn to play any instrument, I would pick the harp. It is such an interesting instrument.

만약 내가 어떤 악기라도 배울 수 있다면, 나는 하프를 선택할 것이다. 정말 신기한 악기인 것 같다.

'If I could learn to play any instrument'에 instrument(악기) 대신 무엇이라도 넣어 말할 수 있습니다. pick은 '선택하다, 고르다, 뽑다' 등의 의미를 가지고 있는데, 비슷한 뜻의 choose를 사용할 수도 있어요.

On Your Own

Dear diary,

Words & Phrases

drums 드럼
accordian 아코디언
harmonica 하모니카
clarinet 클라리넷
flute 플룻
viola 비올라
timpany 팀파니

Q 315

Date. . .

What superpower would you choose to have?

당신은 어떤 초능력이 있었으면 좋겠나요?

Useful Pattern

To be able to ~ would be a dream come true ~를 할 수 있는 건 내 꿈이다.

To be able to be invisible would be a dream come true. I want to use it when I don't want people to see me.
투명인간이 될 수 있는 건 내 꿈이다. 사람들이 나를 못 봤으면 할 때 쓰고 싶다.

be able to는 can과 같은 '할 수 있다'는 뜻이에요. 그 앞에 to를 붙이면 '할 수 있는 것'이 됩니다. a dream come true는 '꿈이 실현되다'라는 뜻으로, 이루어지길 바라는 꿈을 이야기할 때 쓸 수 있습니다.

On Your Own

Dear diary,

Words & Phrases

have telepathy 텔레파시를 갖다
teleport 순간이동을 하다
have telekinesis 염력을 갖다
have super strength 괴력을 갖다
have super speed 초고속으로 움직이다

Q 316

Date. . .

What would you do on your perfect day?

당신의 완벽한 하루는 무엇을 하는 것인가요?

Useful Pattern

If I could do anything, I would ~ 내가 무엇이든 할 수 있다면, 나는 ~을 할 것이다.

If I could do anything, I would go surfing at the beach. I love going to the beach.
내가 무엇이든 할 수 있다면, 나는 바닷가에서 서핑을 할 것이다. 나는 바다에 가는 것을 정말 좋아한다.

'If I could do anything, I would ~'는 많은 가능성 중에서도 뭔가를 하고 싶다고 표현할 때 사용할 수 있는 패턴이에요. would 뒤에는 동사원형이 옵니다.

On Your Own

Dear diary,

Words & Phrases

read my favorite books
내가 가장 좋아하는 책을 읽다
go fishing with friends
친구들과 낚시하러 가다
work on my thesis 내 논문을 쓰다
learn how to play the piano
피아노를 배우다
bake cakes 케이크를 굽다

Q 317 Date. . .

What do you want for Christmas?

당신은 크리스마스 때 무엇을 받고 싶은가요?

Useful Pattern

I would love to find ~ under the Christmas tree 나는 크리스마스트리 밑에 ~가 있기를 원한다.

I would love to find a new phone under the Christmas tree in the morning. I broke mine just yesterday.
나는 아침에 크리스마스트리 밑에 새 휴대전화가 있기를 원한다. 어제 내 것이 고장 났다.

'I would love to find ~ under the Christmas tree'는 크리스마스 선물로 원하는 것을 말할 때 사용할 수 있는 패턴이에요. 그 뒤에는 동사원형이 옵니다. 여기서 find는 선물을 '발견한다'는 의미로 사용되었어요.

On Your Own

Dear diary,

Words & Phrases

a puppy 강아지
a brand new coffee machine 새로운 커피 기계
a hand-knit blanket 손수 뜨개질한 담요
a ticket to the Maldives 몰디브행 티켓
an all-A transcript 완벽한 성적표
a limited edition electric guitar 한정판 전자 기타

Q 318

Date. . .

How would you decorate the house?

당신은 집을 어떻게 꾸밀 건가요?

Useful Pattern

I really wish to ~ 꼭 ~을 했으면 좋겠다.

I really wish to hang up more family photos. The walls are so empty!
나는 꼭 가족사진을 더 걸었으면 좋겠다. 벽이 너무 휑하다!

'I really wish to ~'는 무언가를 꼭 하고 싶다는 바람을 담은 패턴이에요. 뒤에는 동사원형을 넣어 자유롭게 표현할 수 있습니다. 또한 really(정말)를 넣으면 문장을 강조할 수 있어요.

On Your Own

Dear diary,

Words & Phrases

change the curtains to a brighter color 더 밝은색의 커튼으로 바꾸다
get rid of the dead plant in the corner 구석에 있는 죽은 화분을 버리다
organize the kitchen drawers 부엌 서랍장을 정리하다
paint the walls yellow 노란색으로 벽 페인트를 칠하다

Q 319

Date. . .

What do you like doing after school/work?

학교/직장 끝나고 뭘 하는 것을 좋아하나요?

Useful Pattern

After school/work, I always end up ~ 학교/직장이 끝나면, 나는 항상 ~를 한다.

After school, I always end up playing soccer with my friends. We get so exhausted afterwards.
학교가 끝나면, 나는 항상 친구들과 축구를 한다. 마치고 나면 정말 피곤하다.

end up은 '결국 어떤 처지에 이르게 되다'라는 뜻인데, 항상 뭔가를 할 때 사용할 수 있는 패턴이에요. '항상'을 뜻하는 부사 always를 함께 써서 I always end up을 쓰고 그 뒤에는 '동사원형 + -ing'을 쓰면 됩니다.

On Your Own

Dear diary,

Words & Phrases

go over to a friend's house 친구 집에 놀러 가다
stay behind to clean the classroom 남아서 교실 청소를 하다
play tag on the playground 놀이터에서 술래잡기하다
read comic books together 같이 만화책을 읽다

Q 320

Date. . .

How would you describe yourself?

자신을 어떻게 묘사할 수 있을까요?

Useful Pattern

Objectively, I am ~ 객관적으로 나는 ~하다.

Objectively, I am pretty sensitive. It is a characteristic I want to change.
객관적으로 나는 꽤 예민하다. 내가 바꾸고 싶은 특징이다.

'Objectively, I am ~'은 나 자신을 객관적으로 보고 설명할 때 사용할 수 있는 패턴이에요. Objectively는 어떤 사안이든 객관적으로 보고 말할 때 유용한 단어입니다. I am 뒤에는 사람의 특성을 나타내는 형용사를 사용해주세요.

On Your Own

Dear diary,

Words & Phrases

warm-hearted 마음이 따뜻한
easily angered 쉽게 화가 나는
an excellent multi-tasker 멀티태스킹을 매우 잘하는
a procrastinator 일을 미뤘다 한꺼번에 하는 사람
smiley 잘 웃는
authoritative 권위적인

Q 321

Date. . .

What is a fun fact about yourself?

당신에 대한 재미있는 사실은 무엇인가요?

Useful Pattern

Oh! Did you know that ~? 아! 당신 ~을 알고 있었어요?

Oh! Did you know that I have been to thirty countries? I spent so much time traveling over the past five years.
아! 너 내가 30개의 국가에 가본 걸 알고 있었어? 지난 5년간 여행에 너무 많은 시간을 썼어.

'Did you know that ~'은 흥미롭거나 놀라운 사실을 말할 때 쓸 수 있는 패턴입니다. 앞에 oh!라는 감탄사까지 더해주면 상대방의 관심을 집중시킬 수 있겠죠. that 뒤에는 '주어 + 동사'를 쓸 수 있어요.

On Your Own

Dear diary,

Words & Phrases

I am double jointed 나는 이중 관절이 있다
I have four older brothers. I am the youngest in my family
나는 오빠가 네 명이다. 내가 막내다
I am certified to give CPR 나는 심폐소생술 자격증이 있다

Q 322

Date. . .

What is an activity that you enjoy doing in the fall?

당신이 가을에 즐겨 하는 일은 무엇인가요?

Useful Pattern

When fall comes, I ~ 가을이 오면 나는 ~을 한다.

When fall comes, I spend a lot of time getting ready for Thanksgiving. It is my favorite holiday of the year.
가을이 오면 나는 오랜 시간에 걸쳐 추수감사절을 준비한다. 내가 1년 중 가장 좋아하는 휴일이다.

'When fall comes, I ~'는 가을이 오면 하는 일에 대해 표현할 수 있는 패턴이에요. When fall comes에서 fall(가을) 대신 winter, summer, spring 등 다른 계절을 넣을 수 있어요.

On Your Own

Dear diary,

Words & Phrases

put away my summer clothes 여름옷을 정리하다
go camping with my friends before it gets colder 더 추워지기 전에 친구들과 캠핑 가다
bake a marron pound cake 밤 파운드케이크를 굽다
watch the World Series with my family 가족과 월드 시리즈를 시청하다

Q 323

Date. . .

What does your family do on the weekends?

당신의 가족은 주말에 무엇을 하나요?

Useful Pattern

Weekends are when my family ~ 주말은 우리 가족이 ~을 하는 시간이다.

Weekends are when my family plays sudoku together. It gets really intense when we all start playing seriously.
주말은 우리 가족이 다 같이 스도쿠를 하는 시간이다. 우리가 진지하게 하기 시작하면 정말 살벌해진다.

'Weekends are when my family ~'는 주말에 무엇을 하는지 표현할 때 사용할 수 있는 패턴이에요. weekends 대신 holiday(휴일), Sunday(일요일) 등 날을 나타내는 단어를 넣을 수 있고, my family 대신 I나 we 등 다른 주어를 넣을 수 있습니다.

On Your Own

Dear diary,

Words & Phrases

reflect the past week together over a snack 간식 먹으면서 일주일을 되돌아보다
prepare dinner all together 다 같이 저녁을 차리다
watch football together 미식축구를 함께 시청하다
give each other alone time 각자 혼자 있을 시간을 갖다

How do you overcome a failure?

당신은 실패를 어떻게 극복하나요?

Useful Pattern

I overcome the failure by ~ 나는 실패를 ~로 극복한다.

I overcome the failure by trying to forget about it. There is usually no good reason to remember anything.
실패를 하면 나는 그 실패를 잊으려고 하면서 극복한다. 대부분의 경우 별로 좋은 기억은 없다.

'I overcome the failure by ~'는 실패를 극복하는 방법을 말할 때 사용할 수 있는 패턴이에요. 자기소개서를 쓸 때 유용해요. by 뒤에는 '동사원형 + -ing'을 사용해서 극복하는 방법을 쓸 수 있습니다.

On Your Own

Dear diary,

Words & Phrases

talk it out with my friends 친구들에게 하소연하다
seek advice from people who have been through the same failure 같은 실패를 겪어본 사람들에게 조언을 구하다
write about it in my diary 그것에 대해 일기장에 쓰다

Q 325 Date. . .

What is your favorite store to go shopping at?

당신은 어떤 매장에서 쇼핑하는 것을 가장 좋아하나요?

Useful Pattern

The store I like to go shopping at the most is ~ 내가 쇼핑하기 가장 좋아하는 매장은 ~이다.

The store I like to go shopping at the most is the grocery store. There are so many different kinds of products.
내가 쇼핑하기 가장 좋아하는 매장은 마트다. 정말 많은 제품이 있다.

'The store I like to go shopping at the most is ~'는 my favorite store과 같은 뜻으로 가장 좋아하는 쇼핑 장소를 표현할 수 있는 패턴이에요. is 뒤에는 어떤 매장이든 넣어서 좋아하는 쇼핑 장소를 설명할 수 있어요.

On Your Own

Dear diary,

Words & Phrases

dollar store 염가 판매점
candy store 사탕 판매점
vintage shop 빈티지 매장
department store 백화점
mall 몰
outlet shops 아울렛 매장

Q 326 Date. . .

What exercises do you enjoy?

당신은 어떤 운동 동작을 즐기나요?

Useful Pattern

Of all exercises, I enjoy ~ the most 모든 운동 동작 중에서 ~을 가장 즐긴다.

I don't like working out, but of all exercises, I enjoy sit ups the most.
나는 운동하는 것을 별로 좋아하진 않지만, 모든 운동 동작 중에서는 윗몸 일으키기를 가장 즐긴다.

'Of all exercises, I enjoy ~ the most'는 운동 종류 중에 내가 즐기는 것을 말할 때 사용하는 패턴이에요. 운동을 뜻하는 exercises 대신 다른 단어도 넣을 수 있어요. I enjoy ~ the most로 자신이 가장 좋아하는 것을 표현할 수 있습니다.

On Your Own

Dear diary,

Words & Phrases

wall sits 상상 의자
running on the treadmill 러닝머신에서 달리기
stairs 계단 오르기
shoulder exercises 어깨 운동
squats 스쿼트
weight lifting 무게 들기

Q 327

Date. . .

When is the last time you spoke to your grandparents?

마지막으로 할머니 할아버지와 연락한 것은 언제인가요?

Useful Pattern

The last time we talked was ~ 마지막으로 연락한 때는 ~다.

It has been a while since I talked to them as the last time we talked was last month.
마지막으로 연락했던 게 저번 달이니까 연락한 지 꽤 되었다.

'The last time we talked was ~'는 누군가와 마지막으로 연락한 때가 언제인지 표현할 수 있는 패턴이에요. 뒤에는 시기를 뜻하는 명사나 'when 주어+동사'를 넣을 수 있어요. 참고로 as에는 '~이므로'라는 뜻이 있습니다.

On Your Own

Dear diary,

Words & Phrases

last night 어젯밤
when our uncle got married in June 삼촌이 6월에 결혼했을 때
when my grandma was sick 할머니께서 편찮으셨을 때
just about three weeks ago 딱 3주 전 정도

Q 328

Date. . .

What do you enjoy doing with your friends?

당신은 친구들과 무엇을 하는 것을 가장 즐기나요?

Useful Pattern

When we are together, we love to ~ 우리는 같이 있을 때 ~ 하는 것을 가장 좋아한다.

When we are together, we love to play video games.
우리는 같이 있을 때 게임하는 것을 가장 좋아한다.

'When we are together, we love to ~'는 누군가와 같이 있을 때 무엇을 하는 걸 좋아하는지 말할 수 있는 패턴이에요. to 뒤에는 동사원형을 넣어서 친구나 가족, 연인과 무엇을 하는 걸 즐기는지 쓸 수 있어요.

On Your Own

Dear diary,

Words & Phrases

plan a trip after we all get a job 우리 모두가 취직했을 때 갈 여행을 계획하다
come up with recipes 레시피를 생각해내다
go skating at a local ice rink 동네 아이스링크에서 스케이트를 타다
go to the city by bus 버스 타고 시내에 가다

Q 329

Date. . .

What flower would you like to give or receive?

어떤 꽃을 주거나 받고 싶나요?

Useful Pattern

I like to give ~, but I like to receive ~ 나는 ~를 선물하는 걸 좋아하지만, ~를 받는 것을 좋아한다.

I like to give rosemary, but I like to receive roses. I know that people love the scent of rosemary, but I don't.
나는 로즈마리를 선물하는 걸 좋아하지만, 장미를 받는 것을 좋아한다. 사람들은 로즈마리 향을 좋아하지만 나는 그렇지 않다.

'I like to give ~, but I like to receive ~'를 사용해 무엇을 주고 싶고 무엇을 받고 싶은지 말할 수 있어요. I like to give와 I like to receive 뒤에는 모두 명사를 씁니다.

On Your Own

Dear diary,

Words & Phrases

lilies 백합
gardenias 치자나무
daisies 데이지 꽃
cosmos 코스모스
lavender 라벤더
hyacinth 히아신스

Q 330 Date. . .

Which insect do you dislike the most?

당신은 어떤 곤충을 가장 싫어하나요?

Useful Pattern

I would run away right now should there be ~ 지금 ~이 있다면 나는 도망갔다.

I would run away right now should there be a wasp. I get an allergic reaction when it stings me.
지금 말벌이 있다면 나는 도망갔다. 나는 쏘이면 알레르기 반응을 일으킨다.

'I would run away right now should there be ~'는 무엇이 있다면 도망갔을 거라는 뜻으로, 그 무엇이 싫다는 표현이 됩니다. should there be는 가정법 도치로, if there should be에서 if를 생략하고 should를 앞으로 옮겨 목적어를 강조하는 문법이에요.

On Your Own

Dear diary,

Words & Phrases

any insect that flies 날아다니는 곤충
dragonflies 잠자리
anything with lots of legs 다리가 많은 것
caterpillars 애벌레
mosquitoes 모기
ladybugs 무당벌레
moths and butterflies 나방과 나비

Q 331 Date. . .

What is your go-to order at a café?

카페에서 항상 주문하는 메뉴는 무엇인가요?

Useful Pattern

Regardless of the choices, I go for ~ 선택권에 상관없이 나는 ~를 택한다.

Regardless of the choices, I go for a blueberry smoothie. However, there are not many cafés that have it.
선택권에 상관없이 나는 블루베리 스무디를 택한다. 그런데 그게 있는 카페가 별로 없다.

Regardless of는 '~와 상관없이'라는 뜻이에요. 나에게 선택권이 없어도 뭔가를 택한다(go for)고 말할 수 있죠. go for 대신 choose나 pick을 쓸 수도 있어요.

On Your Own

Dear diary,

Words & Phrases

I am usually good with water 나는 보통 물이면 충분하다
whatever my friend orders 내 친구가 주문하는 아무거나
caramel macchiato 캐러멜 마키아토
any drinks that are sweet 달달한 음료

Q 332

Date. . .

Where do you see yourself in five years?

5년 후 당신은 어디에 있을 것 같나요?

Useful Pattern

Hopefully, I will be ~ 나는 ~에 있기를 희망한다.

Hopefully, I will be traveling around the world. Maybe I should become a diplomat.
나는 세계 곳곳을 여행 다니고 있기를 희망한다. 나는 외교관이 되어야 하나 보다.

'Hopefully, I will be ~'는 미래에 대한 희망을 이야기할 때 사용할 수 있는 패턴이에요. 내가 무엇을 하거나 어디에 있을 거라는 희망을 표현할 수 있어요. will be 뒤에는 '동사원형 + -ing'를 써서 미래진행형을 표현해요.

On Your Own

Dear diary,

Words & Phrases

at an office on Wall Street 월스트리트의 회사
on a sofa watching television 소파에서 텔레비전 시청
eating at my favorite restaurant with my best friends
내가 가장 좋아하는 친구들과 가장 좋아하는 식당에서 식사하기

Q 333

Date. . .

Which household chore do you hate the most?

어떤 집안일을 가장 싫어하나요?

Useful Pattern

I dislike 동사원형 + ing 나는 ~하는 것을 싫어한다.

I dislike doing all household chores. I would love to have someone do them for me.
나는 모든 집안일을 하기 싫다. 누군가 나 대신 해줬으면 좋겠다.

'I dislike 동사원형 + ing'는 어떤 일을 하기 싫을 때 사용할 수 있는 패턴이에요. dislike는 like의 반대말로, don't like와 같이 '싫어하다'라는 의미이며, 대신 hate을 사용해도 비슷한 의미를 표현할 수 있어요.

On Your Own

Dear diary,

Words & Phrases

doing laundry 빨래
washing dishes 설거지
sweeping 바닥 쓸기
ironing 다림질하기
cleaning the bathroom 화장실 청소하기
preparing meals 식사 준비하기
dusting 먼지 털기

Q 334

Date. . .

What do you do before you go to bed?

당신은 자기 전에 무엇을 하나요?

Useful Pattern

If there is one thing I always do before going to bed, ~

내가 자기 전에 늘 하는 한 가지가 있다면

If there is one thing I always do before going to bed, It's saying goodnight to everyone in my family. It is a nice way to end a day.

내가 자기 전에 늘 하는 한 가지가 있다면, 그것은 가족 모두에게 잘 자라고 하는 거다. 하루를 마치기에 좋은 방법이다.

'If there is one thing I always do before going to bed' 뒤에는 '동사원형 + -ing'를 써서 항상 하는 일을 표현할 수 있어요. '한 가지가 있다면 ~을 한다'라는 가정법을 활용한 패턴입니다.

On Your Own

Dear diary,

Words & Phrases

turn on my alarms for the morning 아침 알람을 켜두다

pick out my outfit for tomorrow 내일 입을 의상을 정해두다

listen to the radio 라디오를 듣다

make sure to turn off all the lights 불을 다 끄다

Q 335 Date. . .

How long do you need to sleep?

당신은 얼마나 자야 하나요?

Useful Pattern

I need at least ~ hours of sleep 적어도 ~시간은 자야 한다.

I need at least eight hours of sleep before going to work. Otherwise I feel dizzy.
나는 출근하기 전에 최소 여덟 시간은 자야 한다. 그러지 않으면 어지럽다.

'I need at least ~ hours of sleep'은 몇 시간을 자는지 표현할 수 있는 패턴이에요. sleep 대신 다른 동사를 써서 뭔가를 하는 데 몇 시간이 필요하다고 말할 수 있어요.

On Your Own

Dear diary,

Words & Phrases

I usually do all my work at night 나는 주로 일을 다 밤에 한다
I don't understand how people stay up that late
나는 사람들이 어떻게 그렇게 늦게까지 안 자고 있는지 모르겠다
Once it is 10 p.m., I feel tired 나는 밤 10시만 되면 피곤하다

Q 336

Date. . .

What flavoring do you like to put in your food the most?

당신은 음식에 어떤 향신료를 쓰는 것을 가장 좋아하나요?

Useful Pattern

The one flavoring I put in all of my food is ~ 내가 모든 음식에 쓰는 향신료는 ~다.

The one flavoring I put in all of my food is turmeric. I heard it is very good for your health, too.
내가 모든 음식에 쓰는 향신료는 강황이다. 듣기로는 건강에도 좋다고 한다.

음식에 어떤 향신료를 쓰는지 표현할 때 'The one flavoring I put in all of my food is ~' 라는 패턴을 사용할 수 있습니다. 뒤에는 향신료를 뜻하는 명사를 써주세요.

On Your Own

Dear diary,

Words & Phrases

hot sauce 매운 소스
truffle salt 트러플 소금
anything that is spicy 매운 건 아무거나
chili oil 고추기름
soy sauce 간장
turmeric 강황

Q 337

Date. . .

If you were in a talent show, what would you do?

장기자랑에 참가한다면, 어떤 장기를 보여줄 건가요?

Useful Pattern

If I have to participate, I would ~ 참여해야만 한다면, 나는 ~을 하겠다.

If I have to participate, I would dance, but I hope I don't have to.
내가 참여해야만 한다면 춤을 추겠지만, 참여 안 해도 되기를 바란다.

모임 등에서 뭔가를 해야 한다는 가정하에 이야기할 때 'If I have to participate, I would ~'라는 패턴을 쓸 수 있어요. would 뒤에는 동사원형을 사용합니다. have to 대신 have got to를 사용할 수도 있어요.

On Your Own

Dear diary,

Words & Phrases

recite a poem 시를 낭독하다
rap 랩하다
sing an opera 오페라를 부르다
play a difficult song on the piano 피아노로 어려운 곡을 치다
perform a taekwondo move 태권도 동작을 보여주다

Q 338

Date. . .

Which country would you spend a whole year in?

어느 나라에서 1년을 살아보고 싶은가요?

Useful Pattern

be willing to spend a whole year in ~ ~에서 1년을 보내고 싶다.

I would be willing to spend a whole year in London, but I would prefer to be able to travel around.
나는 런던에서 1년을 보내기를 바라지만, 여행 다니는 걸 선호한다.

'be willing to'는 '기꺼이 ~ 하다'라는 뜻이에요. 여기에 'spend a whole year in 장소'를 붙이면 어떤 곳에서 1년을 보내고 싶다는 뜻이 됩니다. year 대신 month나 day 등을 써서 다양한 기간을 표현할 수도 있어요.

On Your Own

Dear diary,

Words & Phrases

Dubai 두바이
Zimbabwe 짐바브웨
Canada 캐나다
Argentina 아르헨티나
Fiji 피지 섬
Vanuatu 바누아투

Q 339 Date. . .

Which religion are you interested in?

어떤 종교에 관심이 있나요?

Useful Pattern

I am particularly interested in ~ 나는 특히 ~에 관심이 있다.

I believe it is important to have an understanding of as many religions as possible, but I am particularly interested in Roman Catholicism.
나는 최대한 다양한 종교에 대한 이해를 갖는 것이 중요하다고 생각하지만, 특히 천주교에 관심이 있다.

'I am interested in ~'은 뭔가에 관심이 있다는 뜻입니다. interested 앞에는 particularly(특히)를 써서 특별히 관심 있다고 강조할 수 있어요. in 뒤에는 명사를 씁니다.

On Your Own

Dear diary,

Words & Phrases

Buddhism 불교
Hinduism 힌두교
Catholicism 가톨릭교
Judaism 유대교
Islam 이슬람교
Folk religions 민간 신앙

Q 340 Date. . .

What is a piece of advice your parents give you all the time?

부모님이 늘 하는 조언에는 무엇이 있나요?

Useful Pattern

My parents always tell me to ~ 부모님께서는 항상 ~라고 하신다.

My parents always tell me to be able to hold back my desires. They say I need to think at least twice before I take an action.
부모님께서는 항상 내게 자제하라고 하신다. 행동을 하기 전에 최소 두 번은 생각하고 하라고 하신다.

'My parents always tell me to ~'는 부모님이 항상 하는 말을 전하는 패턴이에요. parents 대신 teacher, friend 등을 쓸 수 있겠죠. to 뒤에는 동사원형을 씁니다. to 대신 not to를 쓰면 '하지 말라'는 의미가 됩니다.

On Your Own

Dear diary,

Words & Phrases

be generous to others but strict to myself 남들에게는 관대하고 나에게는 엄격하라
think from others' perspectives 남의 입장에서 생각해보라
consider what my priorities are 내게 우선순위는 무엇인지 고려해보라
save money 절약하라

Q 341 Date. . .

What is your favorite quote?

당신이 가장 좋아하는 말은 무엇인가요?

Useful Pattern

I always remind myself of the quote ~ 나는 항상 ~라는 말을 떠올린다.

I always remind myself of the quote, 'you only live once.' It is simple, but very true.
나는 항상 '인생은 한 번뿐'이라는 말을 떠올린다. 단순한 말이지만, 정말 맞는 말이다.

'I always remind myself of the quote ~'은 명언을 떠올릴 때 사용할 수 있는 패턴이에요. remind of는 '~을 떠올리다'라는 뜻이며 of 뒤에는 명사나 '동사원형 + ing'가 옵니다.

On Your Own

Dear diary,

Words & Phrases

Love yourself first 너 자신을 먼저 사랑하라
No pain, no gain 고통 없이 얻어지는 것은 없다
You miss 100% of the shots you don't take 시도해보지 않는 것은 100퍼센트 놓친다
I alone cannot change the world 나 혼자서는 세상을 바꿀 수 없다

Q 342

Date. . .

If you had to stay home the entire day, what would you do?

하루종일 집에 있어야 한다면 무엇을 할 건가요?

Useful Pattern

Wouldn't I ~? 나는 ~를 하지 않을까?

Wouldn't I ask my friends to come over? I think I would be so bored by myself.
나는 친구들에게 와달라고 하지 않을까? 내 생각에 혼자 있으면 너무 지루할 것 같다.

'Wouldn't I ~?'는 어떤 상황에서 무엇을 할지 질문하듯 표현할 수 있는 패턴이에요. 즉 I wouldn't과 같은 뜻이에요. 뒤에 동사원형을 써서 아마도 무엇을 할 것이라는 추측을 말할 수 있어요.

On Your Own

Dear diary,

Words & Phrases

do a massive clean-up 대청소하다
build a new bookshelf myself 직접 책꽂이를 만들다
bake hundreds of cookies for my friends 친구들을 위해 몇 백 개의 쿠키를 굽다
do all the chores I had not had the chance to do 내가 하지 못했던 일과를 하다

Q 343

Date. . .

What is something you just have to do every day?

당신이 매일 해야 하는 일은 무엇인가요?

Useful Pattern

I don't end my day without ~ ~하지 않고서는 하루를 끝내지 않는다.

I don't end my day without doing cardio exercise. It helps to relieve my stress.
나는 매일 유산소 운동을 하지 않고서는 하루를 끝내지 않는다. 스트레스를 푸는 데 도움이 된다.

'I don't end my day without ~'는 매일 하는 어떤 일을 표현할 때 사용할 수 있는 패턴이에요. '어떤 일을 하는 것 없이는 하루를 끝내지 않는다'는 뜻으로 '반드시 매일 한다'는 의미로 이해할 수 있어요. 이때 without 뒤에 '동사원형 + -ing'를 쓸 수 있어요.

On Your Own

Dear diary,

Words & Phrases

making a snack 간식 만들기
watering my flowers 꽃에 물 주기
reading the news 뉴스 읽기
grabbing a cup of coffee 커피 한잔하기
feeding my cat 고양이 밥 주기
setting off the alarm 알람 설정하기

Q 344

Date. . .

Who is your favorite family member?

당신이 가장 좋아하는 가족 구성원은 누구인가요?

Useful Pattern

I like everyone in A, but my favorite one is ~

가족 모두를 좋아하지만, 내가 가장 좋아하는 가족 구성원은 ~다.

I like everyone in my family, but my favorite family member is my cousin. She is only a year old and adorable.

가족 모두를 좋아하지만, 내가 가장 좋아하는 가족 구성원은 내 사촌 동생이다. 아직 한 살이고 사랑스럽다.

'I like everyone in A, but my favorite one is ~'는 여러 사람 중에 한 명을 택해야 하는 경우에 사용할 수 있는 패턴이에요. 처음에 오는 A에는 family나 friends 등 여러 사람을 쓰고 그중 가장 좋아하는 한 명을 이야기할 수 있어요.

On Your Own

Dear diary,

Words & Phrases

great grandmother 증조할머니
nephew 조카
uncle on my mom's side 외삼촌
aunt on my dad's side 친고모
son-in-law 사위
mother-in-law 시어머니, 장모
niece 조카딸

Date. . .

What do you think about your neighbors?

당신은 이웃을 어떻게 생각하나요?

Useful Pattern

We don't interact much, but I think they ~ 자주 마주치진 않지만, 내 생각에 그들은 ~다.

We don't interact much, but I think they are pretty nice.
자주 마주치진 않지만, 내 생각에 그들은 꽤 괜찮은 사람들이다.

'We don't interact much, but I think they ~'는 잘 모르는 이웃이나 동료 등에 대해 말할 때 사용할 수 있는 패턴이에요. I think they 다음에는 동사를 씁니다. 참고로 interact는 '소통하다, 교류하다'라는 뜻이에요.

On Your Own

Dear diary,

Words & Phrases

don't recycle properly 재대로 재활용하지 않는다
have pet guinea pigs 기니피그를 반려동물로 키운다
eat out every day 매일 외식한다
don't really think nicely of us 우리를 그렇게 좋게 생각하지 않는다

Q 346 Date.   .   .

What would you do on your birthday?

당신의 생일에 무엇을 할 건가요?

Useful Pattern

I haven't thought about it yet, but I think I would ~ 아직 생각해보진 않았는데, ~를 하지 않을까 싶다.

I haven't thought about it yet, but I think I would host a huge party. I want to invite all my friends.
아직 생각해보진 않았는데, 큰 파티를 열지 않을까 싶다. 내 친구들 모두 초대하고 싶다.

'I haven't thought about it yet, but I think I would ~'는 아직 생각해보지 않았지만 추측을 이야기할 때 사용할 수 있는 패턴이에요. have not p. p. yet은 아직 뭔가를 해보지 않았다는 뜻입니다.

On Your Own

Dear diary,

Words & Phrases

ask my parents to let me borrow their car 부모님들께 차를 빌려도 되는지 물어보다
host a sleepover at my house 우리 집에 친구들을 초대해서 자다
go to my favorite Italian restaurant 내가 제일 좋아하는 이탈리안 식당에 가다
spend the day resting at home 집에서 쉬면서 시간을 보내다

Q 347

Date. . .

What motivates you every day?

무엇이 매일 동기부여가 되나요?

Useful Pattern

Every morning, I wake up to the thought that ~ 나는 매일 아침 ~이라는 생각에 일어난다.

Every morning, I wake up to the thought that I have three meals that I can enjoy. Honestly, I live to eat.
나는 매일 아침 오늘 세 끼를 즐길 수 있다는 생각에 일어난다. 솔직히 나는 먹으려고 산다.

'I wake up to the thought that ~'은 '~이라는 생각에 일어난다'는 뜻이에요. 매일 동기부여를 해주는 생각을 말할 때 사용할 수 있는 패턴입니다. that 뒤에는 '주어 + 동사'를 사용해요.

On Your Own

Dear diary,

Words & Phrases

I will learn something new 무언가 새로운 걸 배울 것이다
I can make someone else happy 다른 누군가를 행복하게 해줄 수 있다
I may run into someone I miss 내가 그리워하는 사람과 마주칠 수도 있다
I don't need to hurry to finish my work 급하게 내 할 일을 할 필요는 없다

Q 348

Date. . .

What is a movie that you have recently watched?

최근에 본 영화는 무엇인가요?

Useful Pattern

The last movie that I watched was ~ 내가 마지막으로 본 영화는 ~다.

It actually has been a while since I've watched a movie, but the last movie that I watched was *Up*.
영화를 본 지 꽤 됐지만, 내가 마지막으로 본 영화는 <업>이다.

마지막으로 본 영화를 이야기할 때 'the last movie that I watched was ~'을 사용할 수 있어요. movie 대신 TV 프로그램 등 다른 볼 거리를 써도 됩니다.

On Your Own

Dear diary,

Words & Phrases

something by Pixar
픽사 에니메이션 아무거나
Titanic 타이타닉

The Devil Wears Prada
악마는 프라다를 입는다
one of the Marvel series 마블 시리즈
Peter Pan 피터팬

Q 349

Date. . .

What is an emergency medication that you carry all the time?

당신이 항상 들고 다니는 약은 무엇인가요?

Useful Pattern

You will always see me carry ~ 너는 내가 ~를 항상 갖고 다니는 걸 볼 것이다.

You will always see me carry my allergy medicine. I am severely allergic to peanuts, so I need it just in case.
너는 내가 알레르기 약을 항상 갖고 다니는 걸 볼 것이다. 나는 지독한 땅콩 알레르기가 있어서 만약을 대비해서 들고 다닌다.

'You will always see me carry ~'는 항상 지니고 다니는 물건에 대해 이야기할 때 쓸 수 있는 패턴이에요. I am allergic to는 무언가에 알레르기가 있다는 뜻입니다.

On Your Own

Dear diary,

Words & Phrases

cold medicine 감기약
eye drops 인공 눈물
all kinds of painkillers 모든 종류의 진통제
aspirin 해열제
anti-inflammatories 소염제
digestive medicine 소화제

Q 350 Date. . .

How do you organize your closet?

당신은 옷장을 어떻게 정리하나요?

Useful Pattern

When I get the chance to organize it, I do it by ~

나는 정리할 기회가 있을 때는 ~에 따라 정리한다.

When I get the chance to organize it, I do it by the colors of the clothes. I love organizing things by their colors.

나는 정리할 기회가 있을 때는 옷의 색에 따라서 한다. 나는 모든 걸 색깔에 따라 정리하는 것을 좋아한다.

'When I get the chance to organize it, I do it by ~'는 정리하는 방식을 표현하는 패턴이에요. by 뒤에는 명사를 써서 무엇에 따라 정리하는지 설명할 수 있어요. by 대신 based on이나 depending on을 쓸 수 있어요.

On Your Own

Dear diary,

Words & Phrases

based on occasion I would wear the clothes to 내가 옷을 입고 갈 행사에 따라
how long the clothes are 옷의 길이에 따라
based on when they were last washed 마지막으로 언제 빨았는지에 따라
based on how often I wear each clothing item 내가 얼마나 자주 그 옷을 입는지에 따라

Q 351

Date. . .

What vegetable do you like the most?

당신이 가장 좋아하는 채소는 무엇인가요?

Useful Pattern

I would prefer ~ 나는 ~을 선호한다.

Anything green is something I try to avoid, but of them all, I would prefer cucumbers.
초록색인 건 뭐든 피하려 하지만, 굳이 선택해야 한다면 나는 오이를 선호한다.

'I would prefer ~'는 뭔가를 선호한다고 말할 때 사용할 수 있는 패턴이에요. I prefer가 아니라 I would prefer를 쓰면 확신이 아니라 추측의 뜻을 좀 더 표현할 수 있어요.

On Your Own

Dear diary,

Words & Phrases

radish 무
lettuce 양배추
spinach 시금치
corn 옥수수
sweet potatoes 고구마
green onions 파
peas 콩

Q 352

Date. . .

Who do you think has had the most impact in the world?

이 세상에 가장 큰 영향을 준 사람은 누구라고 생각하나요?

Useful Pattern

The person I can think of right now is ~ 내가 지금 당장 떠올릴 수 있는 사람은 ~다.

The person I can think of right now is the person who first landed on the moon. I am blanking on the name.
내가 지금 당장 떠올릴 수 있는 사람은 처음으로 달에 간 사람이다. 지금 이름이 기억이 나지 않는다.

'The person I can think of right now is ~'는 누군가를 떠올릴 때 사용할 수 있는 패턴이에요. 뒤에는 사람의 이름이 와도 되고, 이름이 생각나지 않는다면 the person who를 사용해 설명할 수 있어요.

On Your Own

Dear diary,

Words & Phrases

the inventor of calculators 계산기를 발명한 사람
Steven Spielberg 스티븐 스필버그
Karl Lagerfeld 카를 라거펠트
the founder of Nike 나이키의 창립자
whoever first decided to put chocolates chips in cookies 처음으로 초코칩을 쿠키에 넣을 생각을 한 사람

Q 353 Date. . .

What is the best part about being with your family during break?

휴가를 가족과 보낼 때 가장 좋은 점은 무엇인가요?

Useful Pattern

I prefer to be with A, but when I am with B

A와 지내는 것을 더 좋아하지만, B랑 있으면

To be honest, I prefer to be with my friends, but when I am with my family, I feel so comfortable.

솔직히 나는 친구들과 지내는 것을 더 좋아하지만, 가족이랑 있으면 너무 편하다.

'I prefer to be with A, but when I am with B'를 사용해 '누구랑 있는 걸 선호하지만 다른 누구랑 있으면'이라는 말을 할 수 있어요. 또한 To be honest는 '솔직히 말해서'라는 뜻으로 속마음을 이야기할 때 유용한 표현이에요.

On Your Own

Dear diary,

Words & Phrases

we know exactly what we want 우리가 뭘 원하는지 정확하게 안다

I can rely on my parents to look after me

부모님께서 너를 지켜줄 거라 생각할 수 있다

I don't have to hide anything 아무것도 숨길 필요가 없다

Q 354 Date. . .

What is your favorite musical?

당신이 가장 좋아하는 뮤지컬은 무엇인가요?

Useful Pattern

The musical that I cannot forget watching is ~ 내가 잊을 수 없는 뮤지컬은 ~다.

The musical that I cannot forget watching is *The Lion King*. Have you watched it on Broadway?
내게 잊을 수 없는 뮤지컬은 <라이온 킹>이다. 브로드웨이에서 이것을 본 적 있는가?

가장 좋아하는 뭔가를 '잊을 수 없다'는 표현으로 말할 때 'The musical that I cannot forget watching is ~'라는 패턴을 사용할 수 있습니다. the musical 대신 the movie, the book 등을 쓸 수 있어요.

On Your Own

Dear diary,

Words & Phrases

The Phantom of the Opera 오페라의 유령
Hamilton 해밀턴
Mary Poppins 메리 포핀스
Book of Mormon 모르몬 경전
Chicago 시카고
Moulin Rouge 물랑 루즈
Cats 캣츠

Q 355 *Date. . .*

If you could be a doctor, what type of a doctor would you want to be?

당신이 의사가 될 수 있다면 무슨 의사가 되시겠어요?

Useful Pattern

If I could ever be one, I would be ~ 내가 의사가 될 수 있다면, 나는 ~이 될 것이다.

If I could ever be one, I would be a dermatologist.
내가 의사가 될 수 있다면, 나는 피부과 의사가 될 것이다.

'If I could ever be one, I would be ~'은 내가 뭔가가 될 수 있다면 무엇이 될지, 혹은 무엇을 할지 가정해서 말할 수 있는 패턴이에요. I would be 다음에는 명사를 쓰면 무엇이 될지 말할 수 있습니다.

On Your Own

Dear diary,

Words & Phrases

a psychiatrist 정신과 의사
an internist 내과 의사
a cardiothoracic surgeon 흉부외과 의사
a neurologist 신경과 의사
an ophthalmologist 안과 의사
an oncologist 암 전문의

Q 356

Date. . .

What do you think is an essential thing when doing laundry?

빨래를 할 때 가장 중요한 점은 뭐라고 생각하나요?

Useful Pattern

I can guarantee that ~ is the most important thing 장담하건대 ~가 가장 중요하다.

I can guarantee that dividing the clothes based on their colors is the most important thing when doing laundry.
장담하건대 옷들을 색깔별로 나누는 것이 빨래할 때 가장 중요하다.

'I can guarantee that'은 글자 그대로 해석하면 '~라고 보장할 수 있다'라는 뜻으로, 무언가를 확신할 때 사용할 수 있는 패턴이에요. '~is the most important thing'을 사용해 무엇이 할 때 가장 중요하다는 말을 표현할 수 있어요.

On Your Own

Dear diary,

Words & Phrases

making sure to use bleach 표백제 사용하기
removing all the stains first 얼룩 먼저 제거하기
using the dryer 건조기 사용하기
removing everything from the pockets 주머니 속 물건 다 꺼내기

Q 357 *Date.*

What breed of dog would you like to have as a pet?

당신은 어떤 종의 강아지를 키우고 싶은가요?

Useful Pattern

Since you asked, I would like ~ 네가 물어봤으니, 나는 ~하고 싶다.

I would be grateful to have any pet, but since you asked, I would like a collie.
나는 반려동물만 있다면 감사하겠지만, 너가 물어봤으니, 나는 콜리를 키우고 싶다.

'since you asked, I would like ~'는 꼭 특정한 것을 원하는 건 아니지만 굳이 택해야 할 때 사용할 수 있는 패턴이에요. since you asked는 '네가 물어봤으니' 혹은 '굳이 말하자면'이라는 뜻이에요.

On Your Own

Dear diary,

Words & Phrases

Shetland Sheepdog 셔틀랜드 쉽독
Cocker Spaniel 코커 스패니얼
Bichon 비숑
Standard Poodles 스탠더드 푸들
Shiba 시바견
Labrador Retriever 래브라도 리트리버

Q 358 Date. . .

What is your favorite dairy product?

당신이 가장 좋아하는 유제품은 무엇인가요?

Useful Pattern

I still enjoy eating ~ 여전히 ~를 즐긴다.

I have difficulty digesting any dairy products, but I still enjoy eating yogurt.
나는 유제품을 잘 소화하지는 못하지만, 그래도 요거트를 즐겨 먹는다.

'I still enjoy eating ~'은 예전부터 지금까지 좋아하는 것을 말할 때 사용할 수 있는 패턴이에요. 예문에서 I still enjoy는 '그래도 이건 즐긴다'는 뜻으로 사용해요.

On Your Own

Dear diary,

Words & Phrases

cheese on my pizza 피자 위에 올려진 치즈
butter on my toast 토스트에 발라 먹는 버터
pudding 푸딩
custard cream 커스터드 크림
ice cream, but not gelato 젤라토 말고 아이스크림
whipped cream on anything 어디에나 올려 먹는 휘핑크림

Q 359 Date. . .

What makes you the most upset?

당신을 가장 속상하게 하는 것은 무엇인가요?

Useful Pattern

Whenever ~, I get upset 나는 ~일 때면 언제든 속상하다.

Whenever I see a stray dog, I get upset. I cannot believe people are so irresponsible.

나는 유기견을 보면 언제든 속상하다. 사람들이 그렇게 책임감이 없다는 걸 믿을 수 없다.

'Whenever ~, I get upset'는 언제 속상한지 이야기할 때 사용할 수 있는 패턴이에요. Whenever는 '~할 때마다'라는 뜻으로 뒤에 '주어 + 동사'가 옵니다.

On Your Own

Dear diary,

Words & Phrases

I fail a quiz that I studied so much for 정말 열심히 공부한 시험을 망치다
I visit my grandpa in the hospital 할아버지 병문안을 가다
I cannot find what I need at the moment 순간 필요한 걸 못 찾다
I forget what I just decided to talk about 내가 방금 말하고 싶은 걸 잊어버리다

Q 360

Date. . .

If you could build a house anywhere, where would you build it?

당신이 어디에든 집을 지을 수 있다면 어디에 지을 건가요?

Useful Pattern

Do you think I could build a house ~? 내가 ~에 집을 지을 수 있을 거라고 생각해?

Do you think I could build a house in the Amazon? I think I would attract some attention.
내가 아마존에 집을 지을 수 있을 거라 생각해? 그러면 내가 이목을 집중시킬 것 같다.

'Do you think I could build a house ~'는 상대방의 의견을 물으면서 내 바람을 말할 때 사용할 수 있는 패턴이에요. 뒤에 'in + 장소'를 쓰면 됩니다.

On Your Own

Dear diary,

Words & Phrases

in the middle of nowhere 아무것도 없는 곳에
right next to the White House 백악관 바로 옆에
at the top of the Alps 알프스 산맥 꼭대기
under the sea 수면 아래

Q 361

Date. . .

What is a common characteristic that your friends share?

당신의 친구들 사이의 공통점은 무엇인가요?

Useful Pattern

It is a bit weird that all my friends ~ 내 친구들은 모두 ~한 게 조금 소름 돋는다.

It is a bit weird that all my friends love cheesecakes. We can finish a whole cheesecake when we are together.
내 친구들이 모두 치즈케이크를 좋아한다는 게 조금 소름 돋는다. 우리가 다 같이 있으면 치즈케이크 하나는 끝낼 수 있다.

'It is a bit weird that all my friends ~'는 친구들의 공통점을 이야기하면서 너무 같아서 신기하다는 표현이에요. my friends 뒤에는 동사원형을 써서 공통점을 설명할 수 있습니다.

On Your Own

Dear diary,

Words & Phrases

went to the same elementary and middle schools 같은 초등학교와 중학교를 다녔다
love dogs more than cats 고양이보다 강아지를 좋아한다
like to watch Disney animations 디즈니 애니메이션을 보는 것을 즐긴다
love flowers as gifts 꽃 선물을 굉장히 좋아한다

Q 362

Date. . .

What is your zodiac sign?

당신의 별자리는 무엇인가요?

Useful Pattern

As far as I know, my zodiac sign is ~ 내가 알기로 내 별자리는 ~다.

As far as I know, my zodiac sign is Virgo. I am pretty sure that is correct because I was born in August.
내가 알기로는 내 별자리는 처녀자리다. 나는 8월에 태어났으므로 거의 확실하다.

as far as I know는 확신할 수 없는 것에 대해 때 사용할 수 있는 표현이에요. 'as far as I know, my zodiac sign is ~'에서 zodiac sign 대신 blood type(혈액형)을 넣을 수도 있겠죠.

On Your Own

Dear diary,

Words & Phrases

Aries 양자리
Taurus 황소자리
Gemini 쌍둥이자리
Aquarius 물병자리
Libra 천칭자리
Scorpio 전갈자리
Sagittarius 궁수자리

Q 363 Date. . .

What does your family mean to you?

당신에게 가족이란 무엇인가요?

Useful Pattern

I cannot explain it in a single sentence, but I would start by saying that ~

한 줄로는 설명할 수가 없지만, ~라고 하며 시작할 것 같다.

I cannot explain it in a single sentence, but I would start by saying that my family is the world to me.

한 줄로는 설명할 수가 없지만, 가족은 내게 전부라고 하며 시작할 것 같다.

'I cannot explain it in a single sentence, but I would start by saying that ~'는 설명하기 힘든 문제를 이야기할 때 사용할 수 있는 패턴이에요. that my family is 뒤에는 명사나 명사구를 자유롭게 쓸 수 있습니다.

On Your Own

Dear diary,

Words & Phrases

the most precious group of people 가장 소중한 사람들

something inexplicable in words 말로는 표현할 수 없는 것

the people who can make me laugh and cry at the same time

내가 동시에 웃고 울게 만들 수 있는 사람들

Q 364

Date. . .

What marine animal would you like to see in an aquarium?

당신은 아쿠아리움에서 어떤 동물을 보고 싶은가요?

Useful Pattern

I have always wanted to see ~ 나는 항상 ~ 가 보고 싶었다.

I have always wanted to see a real clown fish at an aquarium. I loved the movie *Finding Nemo* so much!

나는 항상 아쿠아리움에서 진짜 니모를 보고 싶었다. 나는 영화 <니모를 찾아서>를 너무 좋아했다!

'I have always wanted to see~'는 늘 보고 싶었던 것에 대해 말할 수 있는 패턴입니다. 예전부터 지금까지 줄곧 바라온 일을 이야기할 때 사용할 수 있는 패턴이에요.

On Your Own

Dear diary,

Words & Phrases

a seahorse 해마
a killer whale 범고래
a tank full of colorful fish 색깔이 다양한 물고기로 가득 찬 탱크
penguins being fed 먹이를 먹고 있는 펭귄
a sea otter 수달
a blowfish 복어

Q 365

Date. . .

If you had the chance to ask your favorite person anything, what question would you ask?

당신이 가장 좋아하는 사람에게 무엇이든 물어볼 수 있다면 어떤 질문을 할 것인가요?

Useful Pattern

If I ever get the chance, I would ask ~ 만약에 기회가 온다면, 나는 ~을 물어볼 것이다.

If I ever get the chance, I would ask my dad why he decided to become a professional athlete.
만약에 기회가 온다면, 나는 아버지께 왜 운동선수가 되기로 결심했는지 물어볼 것이다.

'If I ever get the chance, I would ask ~'는 아직 일어나지 않은 일을 가정해서 상상할 때 사용할 수 있는 표현이에요. 'I would ask 사람 if/why/what'을 사용해 누구에게 무엇을 물어볼지 이야기할 수 있어요.

On Your Own

Dear diary,

Words & Phrases

the president / if he wanted to be a president as a kid
대통령 / 어렸을 때부터 대통령이 되고 싶었는지
my brother / what he was thinking when he ran away from home
내 남동생 / 집을 나갔을 때 무슨 생각이었는지

The Ten-Minute English Diary

지은이 주혜연

EBSi 영어 영역의 인기 강사. 누구나 이해할 수 있는 쉬운 설명과 열성적인 강의로 유명하다. 중·고등학교 영어 교과서를 다수 집필했으며 '내가 쓰고 싶은 영어 일기를 만들고 싶다'는 마음으로 이 책을 썼다.

365
하루 10분
영어 일기

1판 1쇄 발행 2021년 4월 30일
1판 2쇄 발행 2022년 5월 30일

지은이 주혜연

펴낸이 김유열
지식콘텐츠센터장 이주희
지식출판부장 박혜숙
지식출판부·기획 장효순, 최재진
마케팅 김효정, 최은영 **인쇄** 여운성 **북매니저** 박민주

책임편집 조창원
디자인 ALL designgroup
제작 재능인쇄

펴낸곳 한국교육방송공사(EBS)
출판신고 2001년 1월 8일 제2017-000193호
주소 경기도 고양시 일산동구 한류월드로 281
대표전화 1588-1580
홈페이지 www.ebs.co.kr
전자우편 ebs_books@ebs.co.kr

ISBN 978-89-547-5774-4 13740